U0573385

孙中山传

胡元斌　编著

国文出版社
·北京·

图书在版编目（CIP）数据

孙中山传 ／ 胡元斌编著. -- 北京 ：国文出版社，
2025. -- ISBN 978-7-5125-1876-6

Ⅰ．K827=6

中国国家版本馆CIP数据核字第2025MN0352号

孙中山传

编　　著	胡元斌	
责任编辑	罗敬夫	
统筹监制	杨　智	
责任校对	周　琼	
出版发行	国文出版社	
经　　销	国文润华文化传媒（北京）有限责任公司	
印　　刷	文畅阁印刷有限公司	
开　　本	880毫米×1230毫米	32开
	6.5印张	135千字
版　　次	2025年3月第1版	
	2025年3月第1次印刷	
书　　号	ISBN 978-7-5125-1876-6	
定　　价	59.80元	

国文出版社
北京市朝阳区东土城路乙9号　　　　　　邮编：100013
总编室：（010）64270995　　　　　　传真：（010）64270995
销售热线：（010）64271187
传真：（010）64271187-800
E-mail：icpc@95777.sina.net

　　孙中山(1866—1925 年),名文,字德明,号日新,改号逸仙,在日本化名中山樵,后遂以中山名。中国近代伟大的民主革命家。广东香山(今中山)人。

　　青年时代即立志振兴中华。1894 年在檀香山创立兴中会,开始反清革命。1905 年在东京创立同盟会,被举为总理。制定"驱除鞑虏,恢复中华,创立民国,平均地权"的民主革命纲领,创立"三民主义"学说。此后领导发动多次武装起义。1911 年10 月武昌起义爆发后立即由美国经欧洲回国。1912 年 1 月 1 日在南京宣誓就任中华民国临时大总统。辛亥革命失败后发动"二次革命"、讨袁战争、护法运动。1924 年改组国民党,实行国共合作。1925 年 3 月 12 日因病在北京逝世,后安葬于南京紫金山中山陵。

目 录

第三章 为革命事业而奋斗

第四章 建立中华民国

第一章

懂事机智的少年

出生于广东一户贫困人家

1864 年,在清王朝的血腥刀剑、帝国主义列强的洋枪大炮的联合镇压下,一场轰轰烈烈的、坚持了十余年的太平天国农民革命被绞杀了。19 世纪后半叶,中华民族在没落封建统治者的黑暗统治下,正处在水深火热之中。

在广东省香山县(今中山市)的翠亨村里,绝大多数村民生活都过得很清苦。这个不足百户的小村子,在香山县东南,离澳门七十多里,背山临海,村前有小溪流过,山上树木苍翠,风景优美。但是,村里的土地多为沙质,主要的农作物水稻及杂粮产量甚低,因此村民大多外出谋生。

孙中山的祖上大约是在明代由广东东莞迁居到香山的。家族中一直没有出过什么大人物。孙中山的曾祖父孙恒辉是个农民,有田产十余亩,算得上一个自耕农,家境并不富有。孙中山的祖父孙敬贤很小的时候,父亲就去世了,生活十分艰苦。他成年后,继承了父亲遗留下来的田产。

后来,孙敬贤迷信风水,希望找到风水宝地让祖先安眠、永葆子孙昌盛,为此花费了不少钱财,致使本来就不富裕的家境更加衰败。

孙敬贤有三个儿子，即孙中山的父亲孙达成、二叔孙学成、三叔孙观成。

1813年，孙达成出生。他未及成年，家中田产已变卖干净，生活日渐困苦。为生计所迫，1829年，十六岁的他到澳门的鞋店去做学徒。

三年辛苦的学徒生涯期满后，孙达成在澳门一家葡萄牙人开的鞋店当鞋匠，每月工资四元钱。孙达成在澳门一共待了十六年，这期间他还学过裁缝。

如此数年，一直到1845年，也就是孙达成三十二岁时，他才返回故里，与邻村杨家女儿结婚。

孙达成的妻子是隔田村（今崖口村）杨胜辉的女儿，结婚那年她才十八岁。

在早婚观念盛行的旧时代，一个男人直至三十二岁才成家，多半的原因是贫穷。孙达成的晚婚，正是因为贫穷。

说起孙中山的父母，现在所知的情况并不多。只知道他们两个人都是贫苦人家的子女，都没有受过什么教育。但是，他们都是忠厚老实、勤劳节俭、待人诚挚、无不良嗜好、安分守己的人。关于杨氏，孙中山的好友杨鹤龄说过：

　　她是一位贤妻良母，妯娌关系很好。孙达成供两个弟弟孙学成、孙观成出外谋生，孙学成死于上海，其妻程氏在家；孙观成死于美洲，其妻谭氏改嫁。平时杨氏和程氏感情很好,对改嫁的谭氏亦难舍难分。翠亨村人都说达成娶了个好老婆。

孙达成结婚以后,一直在家务农。由于没有自耕地,他只好租别人的田地耕种,种植水稻和杂粮,有时也饲养一两头猪、一些鸡鸭等作为副业。

此外,为了补贴家用,孙达成还兼做村里的更夫,每天夜里为村民打更报时。这样,他每年可挣几担谷子的工钱。村里的红白喜事,孙达成也常去帮忙。

一家人一年到头,辛苦劳作,日子过得仍很艰难。家人虽然说不上是饥寒交迫,但一直是半饥半饱的。

1866年11月12日的子夜,香山县绵延不断的五桂山还未苏醒,灰蒙蒙的大海还在沉睡。在翠亨村,突然从一个透出灯光的小茅屋内传出了一阵阵"哇哇"的婴儿啼哭声。一个崭新的小生命诞生了,他就是孙中山。

孙中山出生的这一年,清王朝政治黑暗、财政拮据、国防孱弱。这一年是英法联军侵入北京、劫掠焚烧圆明园,清王朝与英、法、俄签订《北京条约》,宣告第二次鸦片战争失败后的第六年。这是继中国在第一次鸦片战争中失败、中英签订《南京条约》之后,外国侵略势力进一步扩大到我国沿海各省,进而深入内陆;我国领土又一次被割夺,经济上完全丧失了独立性。

孙中山出生的这一年，又是太平天国都城南京被曾国藩的九弟曾国荃指挥的湘军攻陷后的第三年。太平军余部与捻军联合，仍在与清军作战。官逼民反，反抗已成时代潮流。

孙中山的出生地广东，被西方人称为"冒险家的乐园""华夏的一块肥肉"，曾令许多西方人垂涎三尺。这里曾是鸦片战争的战场。在西方人洋枪洋炮的轰击下，这里的人民一次次反抗，但是又一次次失败。

同时，广东的经济又呈旋风式发展。广东的经济一直位居全国前列。在中西文化交织下发展起来的民族工业，形成了一种在废墟上发展起来的畸形繁华。而这种繁华，则吸引着全国各地的各色人物，或冒险，或投机，或革命，或享乐，全都聚集在这个热闹的"乐园"中。

清晨的薄雾刚刚消散，温和的阳光射进了茅屋。坐在床沿儿的孙达成长叹一声："我孙达成已穷得叮当响了，又添一张嘴，这日子可怎么过啊！"

孙达成上有老母，中有缠着小脚的、不能下地劳动的妻子，下有三个未成年的儿女，长子孙眉十二岁，长女孙妙茜三岁。孙达成终日辛勤劳动，但是所得甚少，一家人的生活还是十分贫苦。

忠厚慈祥的妻子杨氏，面对忧虑的丈夫，怀抱着婴儿笑着说："你看这娃生的一副福相，就像他出世前我梦到的北帝一样。这娃日后会有出息的。你快给他起个名字吧！"

孙达成看看刚出生的小儿子答道："我不识字,又能起个什么好名字呢?"

杨氏很有主见地说:"托北帝的福,就叫'帝象'吧!"

关于这个名字,一种说法是,杨氏信奉当地人普遍崇祀的北方真武玄天上帝,因此,还没等小儿子满月就给他取名"帝象",以求神明保佑,健康成长。另一种说法是,杨氏平日崇奉关帝,于是给小儿子取名"帝象",希望他将来像关帝一样。

1876 年,孙中山启蒙读书的时候,塾师为他取名"文",这是孙中山的正式名字。(也有人说,这个名字是他父亲给他取的学名。)

1883 年底,孙中山在香港拔萃书院读书时,取号"日新",这是从《礼记·大学》中的"汤之《盘铭》曰:'苟日新,日日新,又日新'"中取的。

后来,孙中山的国学老师区凤墀为其改号"逸仙",它是"日新"的粤语谐音。

"孙中山"这个名字的来由很有趣。1897 年,孙中山在日本进行秘密革命活动时,有一次去住旅馆,一位掩护他的日本友人平山周陪他一起去了。在登记姓名时,平山周想起刚刚经过的日比谷中山侯爵的府邸,就信笔代替孙中山在旅馆登记栏中写下"中山"两字。这时孙中山抢过笔,在"中山"两字之后加上一个"樵"字,作为他的名字,并对平山周说:"这'中山樵'就是'中国之山樵'的意思。"

后来,1903 年 8 月,章士钊将日本人宫崎滔天新出版的《三十三年之梦》编译成《孙逸仙》一书时,因为日语水平有限,贸然将中山用作孙逸仙的名。从此,孙中山一名就流传开来。孙先生也默认了这一名字。这个姓名就定了型。所以,辛亥革命之后,中国人一般称他为孙中山。此外,孙中山在革命的过程中还有许多化名。

哥哥跟舅舅去了檀香山

五年后,1871 年,孙达成夫妇又迎来他们的次女孙秋绮,也是他们的最后一个孩子。本来就不富裕的孙家,家境更加艰难了。

一天中午,一大群孩子正在村边上玩耍着,这个时候突然听到有一个声音呼唤着:"帝象,帝象!"

一个五岁的男孩恋恋不舍地离开了他的同伴,向着家的方向跑去。他长得浓眉大眼、机智健壮,跑到家门口,看到母亲正站在门前的榕树下笑吟吟地望着自己:"妈,喊我做什么?人家正玩得高兴呢!"

母亲笑着说道:"快进屋,看看谁来啦!"

孙中山大步跨进屋子,不由得发出一阵欢呼:"舅舅!"

孙中山的舅舅杨文纳很早就去了檀香山(今美国夏威夷州首府。1850年起成为夏威夷王国首府;1898年美国殖民者强占夏威夷各岛),一直在那里谋求发展,很少回来。孙中山一头扎进了舅舅的怀里,与站在一旁的哥哥孙眉好奇地向舅舅问这问那。

一连串的问题,弄得舅舅来不及回答,舅舅只好一边笑着一边点头。

随后进来的母亲笑着叫道:"舅舅这次回来会多住些日子,你们现在就不要缠着舅舅了,让舅舅好好休息。"

孙中山跟哥哥这才一起走出了屋子,哥哥却是有些忧愁地对弟弟说:"我跟妈妈说了,这回要跟舅舅一起去檀香山,不知道爸爸能不能答应。"

孙中山说:"去求求爸爸,他会答应的。"

翠亨村的好多人都去了南洋,但孙中山的父亲却偏偏一直不让已经十七岁、长得身强体壮的哥哥外出谋求发展。

站在门前的大榕树下,哥哥焦急而忧愁,又带着希望的面孔,小小的孙中山虽然只有五岁,但是能体会其中滋味。

父亲是一个严肃勤俭的人,日夜操劳,从不抱怨。在孙中山三岁的时候,父亲为了维持家庭生计,让哥哥去地主家做长工,吃尽了苦头。

孙中山知道,因为有了自己、妹妹,家中的生活更加辛苦。孙中山从小就没有鞋子穿,常常都是赤脚走路。他经常吃不

到米饭,番薯(方言,指甘薯,通称红薯、白薯)是他的主食。他经常随着姐姐上山砍柴、下地割草干农活。

孙中山不仅同情哥哥,支持哥哥,同时也对舅舅做工的檀香山充满了好奇与幻想。

最终,孙中山鼓起了勇气去找父亲。可是,父亲大声地呵斥他,让他不要管那么多事,吓得他赶忙走开了。

不远处的哥哥也听到了父亲的否定回答,不禁失落地默默走出了家门。

看着哥哥沮丧失落的身影,孙中山也是一阵难过:难道这就是贫困农家孩子的命运吗?

那天晚上,孙中山和哥哥看到舅舅和父母进行了一次彻夜的长谈。正是这一次长谈,不仅决定了日后哥哥孙眉的命运,同时也改变了孙中山的命运。

第二天,孙中山的父亲终于答应了哥哥的请求,同意哥哥跟随舅舅一起去檀香山闯荡。哥哥孙眉知道后,抱起五岁的弟弟欢快地大笑起来。

由于家境贫困,孙眉此次出行的路费,还是由二叔孙学成之妻程氏想办法筹来的。

孙眉到了檀香山之后,先在一个华侨经营的菜园里当工人,每月工资十五元。他省吃俭用,每月寄回十元给家里。十一个月后,他又转到夏威夷的一家农牧场,做了几年长工。

当时的夏威夷,人口稀少,荒地很多,于是当地政府奖励垦荒,一般人通过努力都能分到荒地,进行开垦。当了几年长工之后,孙眉就跑到夏威夷的第二大岛——茂宜岛——去垦荒,慢慢积累了一些资本,开设了商店、畜牧场。

由于孙眉勤奋肯干、经营有方,他的农牧场规模越来越大。鼎盛时,孙眉的农牧场占地一千多亩,饲养了大量的牛、马、猪、羊和家禽,并且兼营酿酒、伐木等产业,成了一个华侨资本家,被当地人称为"茂宜岛王"。

孙眉出洋之后,常常给家里写信,详细告诉家人檀香山那边的政治、风俗情况,以及他本人事业的成功。孙中山得到这些信息之后,产生了强烈的要到外面的世界去看看的想法。

绰号"石头仔"

由于父亲孙达成结婚比较晚,有孩子也晚,到幼子孙中山出生时,孙达成已经五十三岁了;而到幼女孙秋绮出生时,孙达成已经是五十八岁的老人了。在农村,尤其是在家庭生活一直不宽裕、负担较重的人家,一个男人到了五十多岁已经算是人到老年了。可是,孙达成却还要负担一家人的生活。

孙中山出生时,大哥孙眉只有十二岁,虽说可以帮助父母干一些农活了,但还没到支撑门户的年纪。为了生存,一家人

不分男女老幼,都要劳动。母亲除了操持家务、纺纱织布等外,还要下田干农活。孩子们无一例外地都要帮父母干活。

孙中山刚刚六岁,就跟随姐姐妙茜上山砍柴草、去塘边捞水草喂猪,十分勤劳。

等年龄再大一些,孙中山又下田插秧、除草、打禾、放牛,有时还跟随外祖父驾船出海捕鱼。此外,孙中山每年要替人牧牛几个月,以换回用牛主的牛犁孙家的两亩地的工价。

艰苦的生活,使孙中山亲身体验了当时社会广大农民的悲惨境遇,了解了他们的愿望和要求。他朦胧地察觉出社会的不公平,尽管这朴素的觉悟不免带有几分孩子的天真。

后来,孙中山曾经对人说:"我所以要坚决革命的原因,是为了不愿意让中国农民的生活长此困苦下去。中国的儿童应该有鞋穿,有米饭吃。"

日本友人宫崎滔天曾问过孙中山:"你平均地权的思想是怎么产生的?"

孙中山回答说:"我受了小时候境遇的刺激,感觉到在实际和道理上都很有必要提出这个问题。如果我不是生长在贫困农民家的孩子,说不定也许会忽视这个重大问题。"

由于长期参加劳动,孙中山从小就练就了一副好身体,也养成了吃苦耐劳、生活俭朴的品性。

小时候的孙中山,非常勤劳、懂事。一天下午,他和姐姐到山上打柴。五桂山上草木丛生、野花芳香,活跃的山雀不停地叽叽喳喳。打了几捆柴,已到下午,肚子早饿得咕咕叫了。姐姐放下柴捆说:"阿弟,看你累得满身大汗,快歇息一下吧!"忙用衣襟给他擦了擦汗。

"我不累。"孙中山笑着说。

"今天打了这么多柴,阿妈看到一定很高兴。"姐姐笑着把他拖到山石上坐下,从围兜里掏出一个番薯,送到他手里说,"你肚子早饿了,拿着吃吧。"

"姐姐,你常饿着肚子,把番薯省给我吃。我不饿,还是你自己吃吧!"他坚决地推回番薯。

姐姐看着懂事的阿弟,心疼地说道:"男孩子用力多。你打了这么多柴,肚子早饿得咕咕叫了,快拿去吃吧。"

孙中山知道姐姐一片诚心,如果不吃,她又要像以前那样急得哭起来。于是,他接过番薯,把它一掰两半,自己留下小的,把大的一半递给姐姐说:"我们都吃。"

"我不要,我真的不饿。"姐姐推辞着说。

孙中山只好听姐姐的,拿着番薯咬了一口,却停住发愣。

"阿弟,你在想什么?"姐姐见他发愣,问道。

孙中山说:"地里种的都是稻谷,村里的人却吃不上米饭,只能天天吃番薯;而东家不种田,为什么天天都能吃米饭?"

姐姐不假思索地说:"人家说东家命好,有福气。"

"不对!"孙中山打断姐姐的话,"不是穷人命不好。村上的人不应该这样下去,而是应该有米饭吃,有鞋子穿!"

姐姐看着弟弟一副大人说话的神气，忍不住"噗"地笑了起来，问道："你怎么会想得这么多呢？"

孙中山坚定地说："老百姓不应该这么困苦下去，孩子们应该有米饭吃。"

"哪有那么多米饭？你还是快把番薯吃了吧。"姐姐笑着催促着他。

孙中山吃了一口番薯，又自言自语道："应该想，会有那么一天，穷苦人能有米饭吃的。"

孙中山小时候，由于家里穷，大米太贵，所以他很少吃米饭。一年到头，都是以番薯为主食，而且经常连番薯都吃不饱。挨饿，对于童年时代的孙中山来说，是家常便饭。

孙中山是和穷人孩子一起长大的。所以，他从很小的时候就体会到了底层劳动人民所受到的封建压迫，以及种种不平等的遭遇。

正是有着童年艰难生活的经历，才使得孙中山对贫苦民众——尤其是农民——的境遇，有着深切的理解和同情。因此，改善农民的生活状况，就成了他终生奋斗的目标。

幼时的孙中山活泼好动，性格坚强，好据理力争。

1874年，翠亨村搬来了一户卖豆腐的人家。这家人的男主人名叫亚秀，又专以卖豆腐为生，所以人称"豆腐秀"。他们夫妻忠厚老实，做的是小本生意，待人格外和气。

不过，他们有两个十多岁的儿子，十分顽皮。小哥俩经常以大欺小，合伙欺负村里的小孩。那时，才八岁的孙中山，自然也是他们哥俩欺负的对象。他们经常在暗地里用弹弓装上石子弹射孙中山。每次被弹射后，孙中山都忍着疼痛去追赶，但那哥俩年纪比他大，跑得也比他快，所以他都气得直跺脚。

有一回，那哥俩又故伎重演，用弹弓欺负孙中山。遭弹弓射后，孙中山忍无可忍，顺手捡起一块大石头奋起直追，一直追到豆腐店。气急之余，孙中山抡起石头砸向正在煮豆浆的大铁锅上。

"咚"的一声，铁锅应声开了一个大口子，滚开的豆浆汩汩地涌了出来。

"豆腐秀"全家大惊失色，他们看着双目圆睁、怒气冲冲的孙中山，不知所措。

过了一会儿，"豆腐秀"才定住神，拉起孙中山就往他家走去，要和他父母论理。到了孙家，"豆腐秀"大喊大叫，要孙达成夫妻管好自己的儿子，并要求赔偿损失。

孙中山据理力争，说明了事情的来龙去脉。"豆腐秀"本来就知道自己的儿子顽皮，经孙中山一番说明，更让他自知理亏，只好回家将自己的两个儿子狠狠地训斥了一顿。从此，"豆腐秀"的两个儿子再也不敢欺负村里的孩子了。

由于孙中山秉性耿直、倔强，像一块石头一样，又加上石头砸锅的事儿，所以，村里的孩子们就给他起了一个绰号"石头仔"。

以“洪秀全第二”自勉

　　尽管脚上没有鞋穿,肚子饿了只能吃番薯,但是童年的孙中山还是有许多开心的时光。

　　孙中山经常和村里的孩子一起下河摸鱼、嬉戏。男孩子最喜欢的莫过于玩打仗游戏,每当这个时候,孙中山都是主动担当首领。

　　广东由于地处边远,朝廷的管制有时鞭长莫及,得以让“三合会”等反清帮会长期进行活动,而民间对于清朝统治的不满情绪也较大,大家对反清的活动和言论都持默许的态度。这种气氛使孙中山从小就萌发了反清意识;清政府的种种倒行逆施,则又强化了他的这种意识。

　　洪门三合会,据说是著名反清复明组织洪门天地会在广东地区的一个分支,以“反清复明”为宗旨。因明朝开国君主朱元璋年号“洪武”,故取其“洪”字,名为“洪门”。

　　孙中山空闲的时候常到武馆看三合会练武,与小伙伴们玩打仗的游戏。他也非常喜欢听老人讲太平天国反清的革命故事。

　　翠亨村有一位太平军老战士,名叫冯爽观。他曾跟随太平军首领洪秀全转战南北；在太平天国失败后，他几经辗转，回到故里。他早晚在孙家住屋前的榕树下乘凉，大人们不大敢接近他，孩子们却喜欢听他讲太平军的故事。

这个老人讲故事的时候，一般都是在晚上，他一边摇着扇子，一边眉飞色舞、绘声绘色地讲天王洪秀全，讲金田起义，讲太平军定都天京、西征、北伐，讲太平军大破清军江南江北大营，讲李秀成大破洋枪队，讲翼王石达开逼得曾国藩要投水自杀，也讲太平军失败的悲壮故事。

每当这时，孙中山总是一声不响地拿个小凳子，静静地坐在老人身边，聚精会神地听。孩子们个个听得欢天喜地、抓耳挠腮，而听得最入神的当数孙中山了。

孙中山每每听得出神，对洪秀全很是敬慕，有一次情不自禁地说："洪秀全灭了清朝就好了！"

那位老人也十分喜欢孙中山，常说他长得像洪秀全，摸着他的头说道："你真是洪秀全第二呀！"

那位老人希望孙中山长大以后也当洪秀全，立志推翻清王朝。因此，翠亨村的孩子们都称孙中山为洪秀全。

孙中山心里很崇敬洪秀全，听了这话后便以"洪秀全第二"自勉，思考着消除天下不平事，开始为一种不太清晰的理想做准备。

老人的一句平常话，点燃了孙中山心中与不合理、不公平社会进行抗争的火焰，影响了他的一生。

从此以后,翠亨村的孩子玩打仗游戏,就不只是官兵捉强盗,还有太平军打清兵。孙中山自然是扮演太平天国的天王洪秀全。

时间长了,大人们也知道了孙中山的这个绰号。孩子们玩到傍晚时还不回家,于是家长们都猜测自己的孩子是不是跟"洪秀全"打仗玩了。

经常主动向先生提问

孙中山家里只有一间低矮的房子,兄弟姐妹几个逐渐长大后,家里怎么也挤不下了。有一段时间,他晚上只好到隔壁杨家去借宿,晚上睡觉连被子都没有。

因为家里贫困,孙中山很少穿鞋子。一年四季,不论天气晴朗还是刮风下雨,也不论是天冷还是天热,他都是打赤脚。到了冬天,他的两只脚经常冻得长满冻疮,走起路来一瘸一拐的。

孙中山的哥哥孙眉到檀香山辛勤创业后,在茂宜岛上办起了农牧场,开了一个杂货铺,不断寄钱回来。孙达成家的日子才渐渐好过起来,手头也宽裕多了。于是,孙中山的父亲决定送孙中山进村塾读书。

村塾设于翠亨村冯氏宗祠,先生姓王。不大的宗祠内摆了十几张大小不一的桌凳,坐着十几个年龄不等的学童。

孙达成带着孙中山来到塾馆,先生看看孙中山说:"这娃仔早就该上学念书啦!"

孙达成惭愧地答道:"前几年我手头太紧,把这娃仔上学的事情耽搁了。"

先生摸摸自己的山羊胡子问孙中山:"你叫啥学名?"

"娃仔还没有起大名。"孙达成连忙说,"就请先生起个学名吧!"

先生见孙中山长得十分文雅,想了想说:"就叫孙文吧!"

"好好好。"孙达成忙拉过孙中山说,"孙文,快给孔圣人和老先生行大礼——磕头。"

直到入村塾读书时,家里才特地为孙中山准备了一双鞋,可他总是舍不得穿。在上学的路上,他总是手提着鞋,打着赤脚,到了村塾里才小心翼翼地穿上鞋。放学后,一走出村塾,他又脱下鞋子,光着脚走路。

那时王先生给孩子们教授《三字经》《千字文》《古文评注》《幼学琼林》和"四书五经"等。孙中山学习很认真,记忆力也特别好。大段的课文,他常常读几遍就能背诵。其他学生,经常因为背不出课文而被打手心,或者被罚在孔子像前下跪,孙中山则从来没有挨过这样的处罚。

王先生教书严格,对读书勤奋、成绩突出的孙中山也格外

喜欢。

孙中山在村塾里读书的时间并不长，但是他和别的孩子不同。他读书特别喜欢动脑筋，经常主动向先生提问。

那时的教学方法讲究死记硬背，主要就是朗读与背诵。有一次上《大学》这门课，先生像往常一样摇头晃脑地领读了两遍之后，不做任何解释就让学生朗读与背诵。其他学生都按照先生的要求，摇头晃脑地朗读起来。

对这种食而不化的传统教学方式，孙中山很不满意。这天他站起来向先生问道："先生，你刚才教我的'大学之道，在明明德'是什么意思？请你讲给我听听好吗？"

在旧学校里，学生发问就是冒犯师长。先生狠狠瞪了孙中山一眼，并拿起戒尺走到他的面前，严厉喝道："什么？你想干什么？反对经训吗？"

孙中山毫不畏惧地答道："不，我不反对经训，我请先生讲书，就是向先生求教书中的道理。让我们多学一点道理有什么不好呢？唱诵死书真没有意思，应该讲书里的道理才对。"

先生本想惩罚一下这个不守规矩的学生，但一时找不到借口，并且知道孩子的要求是合理的，所以作罢。不过，先生仍然坚持说："吃得苦中苦，方为人上人。只有十年寒窗苦，才能腹藏五车书。等你书念多了，日后自然就会懂得书中的意思了。"

先生说着也就慢慢地放下了手中的戒尺。

老师看日已西沉,想结束这场意料不到的论战,便说道:"散学! 散学!"

后来,有同学问孙中山:"你怎么敢向先生提问? 不怕挨打吗?"

孙中山很不服气,心想:"学问学问,既要学,也要问。为什么古圣先贤的书就不能问呢?"

孙中山闷闷不乐地回家问父亲,父亲回答说,自古以来就是这样的,学生就应该听先生的话,不要多事。

听父亲这么说,孙中山不敢反驳,但是心里却很不服气。他觉得这太不合乎情理了,总有一天他要弄明白。

识破人贩子

1877 年,孙中山十一岁。有一天早晨,他挎着一个篮子去给一家亲戚送东西。当他沿小路走到一个山坳时,遇见一个又高又瘦的陌生人。那人一见孙中山,便满脸堆笑地问:"孩子,这么早你要到哪里去呀?"

孙中山看了看他说:"我到三乡去。"

那人马上接着说:"我也去三乡,我们一同走好了。"

孙中山曾听母亲说过,这一带偏远僻静,常有人贩子出没，又见那家伙鬼鬼祟祟，便提高了警惕。他心想，那个人是成年人，而自己是个小孩，要是来硬的，肯定不是人家的对手，只能用智慧来应对。

于是，他就装作十分欢迎的样子说："三乡那个地方，我只去过一次，那还是前两年的事，现在对那里的道路有点记不清了，有叔叔你与我一起走，那实在太好了。"

那个人一看，这小毛孩子还真容易上当，不禁心中暗喜，便一路走，一路和孙中山闲聊套近乎。

当他们走到一个叫河头铺的地方时，孙中山突然想起父亲在这里有一个朋友——他也认得自己。于是，孙中山灵机一动，对那个人说："叔叔，你能在这里等等我吗？我这里有一个亲戚，我要把一些东西送给他。"

那个人没有细想，爽快地答应道："好！我在这儿等你，你快去快回！"

孙中山为了稳住那个人，还故意跟他说："我马上就回来，你一定得等我。"

孙中山进村后，找到了父亲的那位朋友，说明了情况。不一会儿，村里突然冲出一群人，将那个人团团围住。

经过盘问，那个人果然是一个专门拐骗小孩的人贩子。村里人齐声称赞孙中山胆大心细，遇事有主张。

目睹清政府的贪婪、无道

一天，孙中山正在村塾读书，一伙盗匪闯进村子，在光天化日之下抢劫一个从美国归来的华侨的店铺。全村人都四散逃跑，孙中山没有跑，他亲眼看到了这场野蛮的抢劫。被抢的华侨看着被洗劫一空的房子，绝望地哭诉："天哪！我赚这点钱容易吗？我为赚这几个钱，吃了多少苦，受了多少累！我这点钱都是用命换来的。我在洋人的皮鞭下拼死拼活，当牛做马，才赚了这几个钱。原本想回到老家，安安静静地过几天舒坦日子，不受外国人的气，不受外国人的白眼。不承想，今天落到这步田地！我这算是完了。早知如此，我何必回来？在洋人那边，还不会被人明火执仗地抢走呀，哪会像这里青天白日之下有强盗出没！"

这位老华侨绝望的声音，在孙中山心中激起了巨大的波澜。他陷入了沉思："为什么中国没有洋人那样的法律？为什么这个华侨辛苦挣到的金钱，在国外有法律保护，回国反而得不到法律保护？"这也许是孙中山立志推翻腐败的封建王朝、建立共和国最初的思想动力吧！

衙役们每次来翠亨村办差，一个个都是凶神恶煞，不是催粮就是逼税，要不就是带着锁链来抓人、抓差。可是，一旦村里出现了盗匪，这帮平时耀武扬威的衙役，就都成了废物，根本就抓不着盗贼。老百姓交粮当差，养肥了县里的县太爷，也养肥了县里的衙役。可是，从来就不见他们为老百姓办好事！

小孙中山亲眼看到的另一件事情，则明白无误地暴露了清政府的贪婪、无道。

翠亨村有李氏三兄弟，千辛万苦漂洋过海到美国的旧金山淘金挣了一点钱，回家乡置了产业，还建了一座小花园，村里的孩子都可以去玩，那里曾是孙中山和小伙伴们的一处乐园。

可是，突然有一天，一群如狼似虎的清兵闯进村来，不由分说地抓走了李氏兄弟，抄了他们的家，封了小花园。

原来，李氏兄弟的产业勾起了当地官员的贪心，他们便以莫须有的罪名把李氏兄弟投入监狱，霸占了他们的产业。

后来，李氏三兄弟一人被处死，两人不知所踪。这件事情深深地刺痛了孙中山幼小的心灵。

从此，孙中山似乎有点明白为什么洪秀全要揭竿而起，反抗清朝统治了。

生活中所见所闻的种种黑暗不公平的现象，深深触动了年少的孙中山。

村中的老百姓为什么能容忍这些事情的存在？怎样才能解决这些问题？他的脑海中悬着一个又一个大问号。

反对男人赌博、妇女缠足

对于农村中的男人赌博、妇女缠足等不良行为，孙中山自懂事起就坚决反对。

孙中山很反对赌博。翠亨村的孩子们喜欢玩一种叫"掼乌白"的游戏。这是一种赌博游戏，就是大家轮流把钱放在手掌上，然后用力摔在地上。正的一面有"通宝"两个汉字，另一面有满文（清朝统治者满族人使用过的文字）。有"通宝"的那面是"白"，有满文的那面是"乌"，乌为胜，白为败。

有一天，散学散得早，几个年龄大的学生便躲在祠堂里玩这种游戏，为首的是一个叫杨帝卓的学生，是孙中山的好朋友。他从怀里摸出一些钱币，就与其他几个人吵吵嚷嚷地赌起来。

由于自幼家教严，孙中山对赌博之事素来厌恶，不仅自己从来不入赌局，而且对同学当中有此恶习的人也总是规劝不已。现在他见杨帝卓等人又赌起来，忍不住在一旁好言相劝。

杨帝卓刚开始运气不错，赢了不少钱。正在兴头上的他，对孙中山劝说的话语一个字也听不进，头也不回一下。孙中山见他不听劝说，便禁不住伸出手去拉了拉他脑后的辫子。

杨帝卓感觉到有人在拉自己的辫子,顿时脸色大变,回过头来恶狠狠地瞪了孙中山一眼,气势汹汹地说:"不用你管!"

几局赌下来,杨帝卓运气大变。不一会儿,他不但将赢来的钱全都输了回去,还搭上了老本。

这时,孙中山又去拉他,说:"看,不听我的话吃亏了吧。咱们走吧。"

杨帝卓本来心中有火,听到孙中山还在劝说,便恼羞成怒地一转身揪住孙中山的辫子吼道:"都怪你,是你拉了我的辫子。"

原来,他们在赌博的时候,最怕别人拉辫子了。孙中山不知道这个规矩,犯了禁忌。

杨帝卓在盛怒之下将孙中山的头往墙壁上面猛撞,孙中山顿时流血不止,昏了过去。

杨帝卓一看闯了大祸,这才放手,一溜烟地逃跑了。

经过祠堂看管人涂药救护,孙中山才苏醒过来。孙母杨氏闻讯后赶到祠堂,把孙中山带回家中。

杨氏教子极严,每每遇到孙中山在外面与别人发生了争斗,总是严责孙中山,丝毫不加以袒护,而这次错在杨帝卓身上,所以她也就没有再责怪孙中山。

但是,通过这件事情,孙中山更加痛恨赌博,因为他亲眼看到了赌博可以使人变得疯狂,可以使亲朋好友反目成仇,可以使人倾家荡产……

缠足是汉族地区流传了近千年的陋习。在当时,一个女孩子要是没有缠足,那是很难嫁到好人家的。女孩子到了六七岁时就要缠足,用长长的布条一层层地将脚缠住,以阻止脚的正常发育。缠足不仅疼痛难忍,而且阻塞血脉,严重妨碍女孩子的身体健康。

孙中山的母亲,不能免俗。所以,孙中山的姐姐妙茜、妹妹秋绮,自然也免不了要承受缠足的痛苦。

一开始孙中山还不知道母亲的脚为什么会那样小,后来看到母亲为姐姐妙茜、妹妹秋绮缠足才知道了怎么回事。

孙中山的姐姐妙茜,因为从小参加劳动,所以一直没有缠足。直到妙茜十五岁那年(1878年),父母眼看女儿即将成人,再不缠足就不好嫁人了,于是才开始给她缠足。她的脚已经基本成形,缠足就要将已经长成的大脚用布条拼命捆绑成小脚,所以这种痛更是难以忍受的。姐姐终日以泪洗面,一夜夜地辗转反侧,痛苦地呻吟着。

姐弟到底是血脉相连啊!姐姐的呻吟折磨着孙中山。于是,他一再央求母亲不要给姐姐缠足:"为什么姐姐好好的脚,一定要用布缠起来呢?既然缠足让姐姐这样痛苦,就请您不要再缠她的脚了!"

母亲伤心而又无可奈何地告诉孙中山:"唉!孩子,娘也不想让你姐姐受这份罪,但不缠足又怎么行呢?习俗就是这样。你姐姐不缠足,将来怎么嫁得出去呢?"

孙中山争辩道：“山里的那些客家妇女，不也有不缠足的吗？”

母亲无奈地看着孙中山，两行热泪扑簌簌地掉下来。

孙中山见此情景，更加对这种毫无人性的陋习愤愤不解，他央求母亲说：“要将姐姐好好的两只脚毁伤，实在是岂有此理！”

其实，这时的孙中山已深深地知道，母亲的心比他还痛。

这一年，妹妹秋绮七岁，也被缠足了。母亲用一条长长的布带，将秋绮的小脚紧紧裹起来。秋绮因双脚胀痛而呻吟不止，整夜地在床上辗转反侧。看到妹妹痛苦不堪的样子，孙中山向母亲恳求道：“妹妹疼得实在受不了啦！您就不要再缠住她的脚了吧！”

母亲含着眼泪说：“孩子呀！我何尝不心疼秋绮，但是女人缠脚是理所应当的事，疼痛也只好忍忍了。”

孙中山抗议道：“这不是要把她的双脚毁伤了吗？”

母亲说：“不会的，等缠得脚不再生长了，脚就不疼了。如果我现在不给秋绮缠脚，将来她会怪我的！”

孙中山又抗议说：“中国女子把两足毁伤实在是毫无道理。”

虽然他的抗争并没有改变妹妹被缠足的命运，但妹妹孙秋绮后来每每回忆起此事都对哥哥充满了感激。

质疑田地已卖却仍要缴税

缠足风波之后，又发生了另一件事。

孙家在过去也是个有田有地的人家，有十几亩。靠着这些田地，孙家过着还算温饱的日子。到了后来，由于祖父卖田，日子竟一天天衰落下去。今天两亩，明天三亩，不知不觉田地就变卖得一干二净。到了孙中山的父辈上，竟是一分土地也没有了，成了完完全全的佃耕农，日子自然不好过了。田地虽然卖完了，而有关田地的事却并没有完。不仅没有完，还变成了一根绳索，束缚得孙家喘不过气来。

原来，过去变卖田地是很随便的，只要履行个简单的手续就行，那就是卖主写张契约给买主，买主付出约定的钱，田地就归买主了，并不去官府申报盖印。当然，并不是不需要到官府申报，而是买卖双方都怕麻烦，都怕因申报而多一笔开支。

对于卖主来说，他们尤其不想公开，卖地毕竟是件不光彩的事，何必弄得大家都知道？买主也认为只要达到田地归他使用的目的，手续自然是越简单越好。这样一来，人们就形成了一个惯例，田地交易都不申报，而是悄悄地私下进行。

于是，问题就出来了。卖地的已失去了田地，可在官府的

地册上却依然写着他的大名,官府的衙役每年依然向卖主家收缴田地税。

孙家便陷入了这样一种窘迫的境地。

每到纳税之时,衙役们在孙家坐着,孙家小心翼翼地陪着,然后到真正的田主家将税钱收来转交给衙役。这样做,孙家确实是多了道麻烦。不过,只要能把税钱收上来,麻烦点儿也没什么。

可是,时间一长,事情就不再是跑一趟,代收一下那么简单了,而是根本收不上税钱来。因为时间一久,地产已几易其主,转来转去,再想要维持原来收税的办法,确实是很难很难了。但是,官府仍是一到时间就上门收税,孙家从田主那里收不到税钱,只好自己掏钱抵交。于是,没有田地的孙家,却一直要代人交纳田地税,无可奈何地忍受着这巨大的拖累,始终不得摆脱。

从孙中山的祖父开始,孙家就被田地税搅得困苦不堪。一家人糊口尚且不易,到哪儿去弄钱缴税呢?

年幼的孙中山,并不知道家中还承受着这一桩不合理的重负。父母没日没夜地劳作。他和姐姐也同别家的孩子不一样,当别人在尽情玩耍的时候,他和姐姐却学会了做各种各样的活儿。尽管一家人一年到头辛辛苦苦、拼死累活,却依然过着十分贫困的生活。

一天,孙中山从父亲那里得知了交田地税的不合理事情,愤愤不平地大声说道:"哪有这样的怪事!没有田地却还要交田地税!"

老实厚道的孙达成却没有儿子那份勇气和不满情绪。他看着眼前激动不已的儿子,虽然知道儿子说得对,但却丝毫没有受到感染和振奋。

孙达成只是无可奈何地说:"这都是祖上留传下来的,是我们的命不好啊!有什么法子呢?"接着叹了一口气,继续说道,"没法子可想,孩子,这都是皇帝老爷定的规矩,不是想变就能变的。"

孙中山依然怒气冲冲地叫道:"皇帝定的规矩难道就不能变吗?"

由此可以看出,孙中山从小就经历着不合理、不公平的事情,但是,他不像村中的大人一样见怪不怪,而是产生了怀疑。

哥哥回乡招工

孙中山从小就表现出许多优秀的品质,但是假如他一直待在家乡,也许永远就是一个农民:他的眼界、他的见识、他的交往、他所接受的影响,肯定会与那时一般的中国农民没有什么两样……孙中山能够接触外部世界,有两个条件:一是他的家乡地处海边的地理位置,当地村民有出洋谋生的传统;另一个是他的哥哥孙眉出洋谋生获得成功。

香山县地处美丽富饶的珠江三角洲的南部。翠亨村距离香山县城约六十里。向南七十多里就是当时处在葡萄牙殖民统治之下的澳门。东南方又隔海与英国控制的香港相望。距翠亨村不远就是珠江入海口之一的金星门港,这里经常有外国轮船停泊。这样的地理条件,使当地人更有机会接触到外部世界。翠亨村里十家就有七八家有人出洋谋生。这样,孙中山小时候就能听到一些有关外部世界的信息。不过,孙中山对西方世界的真正了解,缘于他的大哥孙眉。

1878年——孙中山十二岁那年——6月,闯荡檀香山七年的哥哥孙眉回到家乡。这次孙眉回乡,一是应父母之命回乡与同乡姑娘谭氏结婚,二是准备招一批乡亲前往檀香山。

在檀香山那边,经过几年的打拼,孙眉经营的农牧业因成效显著而受到夏威夷政府的重视。夏威夷糖业生产发展迅速,急需大批劳力,因而,孙眉在回国前获得了夏威夷政府的特许状:多招华人来檀香山务工。

此时的孙眉不但身带巨资,而且阅历经验都很丰富,与当初在老家务农的时候已判若两人,大有衣锦还乡之感,这在翠亨村及其附近引起了不小的轰动。

孙眉的经验学识、对西方世界的认知,比家乡人要丰富得多。他对外面世界的介绍,对孙中山来说具有无可争辩的权威性。

孙眉经常详细而生动地向孙中山和乡里人介绍檀香山的景色物产,介绍他自己成功的经历,鼓励人们到檀香山去谋生。

孙眉对孙中山说:"到那边去,只要吃苦耐劳、勤奋肯干,就一定有成功的希望。"

孙中山强烈要求随大哥出洋,离开翠亨村这个落后而黑暗的地方,到那景色优美、物产丰富、民风淳朴的檀香山去。其实,村塾的学习,与孙中山的志趣格格不入;他的兴趣早就逐渐转移到外出谋生方面了。

但是,不管孙中山怎样恳求,父亲就是不答应。在父亲看来,自己已经有两个弟弟死在外面,自己的长子虽然暂时风风光光地回来,但也是为生活所迫,拿着生命冒险,所以,不能让小儿子再离开家。

不久,孙眉带着从家乡招募到的一百多人乘船出洋了,而孙中山则被留了下来。这让孙中山十分失望。

哥哥走后,孙中山一直闷闷不乐,憋着一肚子的气。孙中山渴望出洋的愿望,一直没有泯灭。

终于要去檀香山

　　1879年6月，孙眉的同事在澳门租了一艘英国轮船"格兰诺曲号"，准备运送移民到檀香山去。借此机会，孙中山再一次向父亲提出了要去檀香山的要求。他说："我现在十三岁，年纪也不小了，应当出去磨炼磨炼。在途中有朋友同行，在那边有大哥的照应，不会有什么事的。况且，在村里可以学的东西，我都已学会了；再留在村里，我的知识学问很难再有长进。我应当到外面去干一些有发展潜力的工作，去外面的学校学习以增长自己的学问。"

　　但是，父亲还是坚决不同意，说道："我知道你一直没有死心，想到你哥哥那里去。可是你年龄也不大，你一个人出门让我怎么能够放心呢？"

　　孙中山急忙叫道："我不是一个人，我和母亲一起去。"因为他知道，母亲一直惦记着远在外地的哥哥孙眉，也一直想去看看哥哥，只是一直没有合适的机会去。

　　父亲愣了一下："你妈妈也要去？"

　　孙中山笑着急忙点头道："妈妈早就想哥哥了，从早到晚都惦记着他，想去看看他在那里生活得好不好。"

孙达成听了稍微沉思了一下,终于说道:"好吧!有你妈妈带着,我放心,这次就答应你了。"

父亲刚刚说完,孙中山一下子跳了起来,飞快地跑出了屋子,迫不及待地告诉母亲这个好消息。能去看看自己的大儿子,孙中山的母亲自然也很高兴。孙中山梦寐以求的出洋愿望终于可以实现了,这让他喜出望外,彻夜难眠。

十三岁的少年孙中山,穿着农村的土布衣服,拖着一条长辫子,和母亲先乘船到澳门,然后搭乘"格兰诺曲号"轮船前往檀香山。这是他第一次离家远行,他对一切都感到新奇。

孙中山伫立在船头,见到的是一望无际、波涛汹涌的海洋,感受着轮船劈波斩浪、飞速前行的雄壮气势。还有,孙中山以前在家乡见到的小木船,人们用木桨费尽气力地划,可是速度还赶不上人行走的快;现在见到的这么一艘巨大的轮船,凭着锅炉、蒸汽机居然能飞速前进,这实在是他前所未见的奇迹。

接下来,船员们举行的海葬仪式,给他的震动就更大了。

航行途中,有一个水手死了。船员们把尸体装入一个帆布口袋。一个穿长袍的人拿着一本书,念念有词地读了一段之后,船员们就将布袋抛到茫茫大海之中。这种做法,与孙中山小时候所知道的也大相径庭。家乡的人们相信人死后是有灵魂的,不仅要为死者寻找风水宝地,举行隆重的葬礼将其埋葬,而且每年清明节都要上坟扫墓,逢年过节还得祭祀。

年少的孙中山怎么也搞不明白,对于死人,人们的做法怎么会这样不同。他找不到答案,最后就用中国的一句老话来解释:"大千世界,无奇不有。"

这位求知好学的少年,只两天工夫就和船上的许多旅客、水手熟悉了,并在和他们接触交谈中受益匪浅。由此,虽然在轮船上生活了二十多天,但是孙中山并不感到时间太长。这次的航海生活,对他产生了巨大的影响。他后来在给别人的一封信中说道:

这次航行,我始见轮舟之奇、沧海之阔,自是有慕西学之心、穷天地之想。

第二章

艰辛的外出求学之路

初到檀香山的所见所闻

轮船减慢了速度,渐渐地靠近码头。檀香山的码头上十分热闹,身着不同颜色、样式服装的人挤满了整个码头。

母亲和孙中山跟着其他旅客拥到船边,寻看岸上前来迎接的亲人。孙眉也挤在前来迎接旅客的人群中,找寻着从轮船上下来的未出过远门的母亲、弟弟。

"阿哥!"孙中山抢先跨上跳板,向孙眉扑去。孙眉也急忙跑向前去,把孙中山亲热地抱举起来。

经过二十多天的海上航行后,孙中山与母亲终于到达了檀香山。此时的孙中山还穿着长衫,头上盘着辫子,戴着红顶绸布瓜皮帽,是一个地地道道的刚从中国一个小村中走出来的懵懂少年。

檀香山位于夏威夷群岛第三大岛瓦胡岛上,自1850年起成为夏威夷王国首府。

夏威夷群岛由夏威夷、茂宜、瓦胡、考爱四个大岛以及其他小岛组成,地处太平洋中部,是航行于太平洋中船舶的补给站——过往的船只都要在这里补给淡水、粮食以及其他物资,具有十分重要的战略地位。

这里气候温和，景色秀美，盛产檀香木、糖料、稻米、水果。清嘉庆年间（1796—1820年），夏威夷所产的檀香木就运到了广州销售，因此广东人就知道了这个群岛，便以其特产檀香木给它最主要的港口城市起了一个叫"檀香山"的中式名字。

母亲和弟弟的到来，令孙眉兴奋不已。他将他们安置在一个新购置的宽大私宅里。除了时常陪伴着他们共叙亲情之外，还带着他们游览檀香山的风景名胜，品尝各式各样的西洋菜肴。

走在街道上可以发现，这里住着当地的土著人，移居来的白人、黑人，还有脑后拖着长辫的中国人。对话的语言也是五花八门，有华语、英语，还有土著人所讲的土语。对孙中山来说，檀香山的一切都充满了新鲜而奇异的色彩。

虽然那时的檀香山城区比现在小得多，夏威夷还没有现在的开发规模，但是，城区里依然建筑整齐、街道清洁，人们的生活井然有序。进了商店，人们用语文明，态度和蔼，使孙中山体验到受人尊重的感觉。这些都给孙中山留下了深刻的印象。

孙中山尤其对邮局印象很深，这是一座围栏、门窗都漆成墨绿色的西式建筑。孙中山看见不时有一些蓝眼睛、黄头发、大鼻子的西洋人，以及土著人，在这座建筑的门口进进出出。有人告诉孙中山，写好信之后，只要在信封上写上中国的收信人的名字、地址，再贴上一张邮票投进信箱里，这封信就可以跟着船被送到中国去。这种寄信方式不必等很长时间，没有必要找回中国的侨民顺路捎带回去。这可以说是孙中山对现代文明的初次体验。

然而，最打动少年孙中山的，是这里良好的社会秩序，以及当地人对法律、制度的尊重。孙中山感慨，当地人生活状况是好的，为什么呢？因为那里有保护外来人口的法律，这正是翠亨村遭盗匪劫掠的华侨所说的清朝所没有的法律。

还在旅途中时，孙中山就了解到，英国人还有所谓的"星期天"，人们在工作了六天之后可以休息一天。到了檀香山之后，孙中山发现这里的人也有星期天。每到星期天，各机关不上班，商店也关门，人们穿戴整齐，一起到教堂去做礼拜。学生们在这一天也不用去上学，可以尽情游戏。比起国内的农民一年四季天天劳作、学生每天都要上学，这里的生活更有意思。孙中山觉得，这个星期天真是有价值，有了它，人们的生活变得张弛有度。

扑入眼帘的新鲜事物令孙中山兴奋，也令他思索。最令他感到迷惑不解的是：这里除了华侨以外，那些西装笔挺的洋先生们的脑袋后面为什么没有拖着一个辫子？

在中国的任何一个地方，如果一个男人没有了辫子，那么他的脑袋也就长不牢了。而且，辫子对中国人来说是那么神圣，以致绝对不可侵犯，连被他人摸一摸都会感到难以容忍。

另外一个令孙中山感到困惑不解的是：这里的女子竟然

一个缠足的都没有,而且还毫不遮掩,堂而皇之地穿皮鞋噔噔噔地走来走去,将一双大脚暴露于大庭广众之下。

看着檀香山的女子们一个个健步如飞,再想想家乡的女子们那副弱不禁风的模样,孙中山心里不由得想:给女子缠足的风俗是不是太不合理了?

孙中山在这个异国他邦看到的新鲜事物越多,心里的疑问也就越多。

一天,孙眉带着弟弟漫步海滩,层层的浪花涌向岸边,一排排的棕榈沿着海岸伸延至远方,棕榈叶在海风中摇曳生姿。孙中山正玩得开心,孙眉把他拉上礁石坐定,问道:"阿弟,阿妈思念故乡了,她要回去,我现在人手不够,你就留下帮我照料店务吧!"

"好!"孙中山愉快地答应了。

不久,母亲乘船回国了,孙中山则留在了檀香山。

想要剪掉辫子

孙眉的生意正蒸蒸日上,急需有个帮手,尤其是需要有至亲来帮忙。所以,在孙中山到了茂宜岛之后,孙眉就希望他尽快熟悉商业,成为自己一个值得信赖的助手。孙眉就安排弟弟在自己的一个商店协理店务,主要是掌管店内的收支账目。

孙中山在店内工作十分肯干,但是他并不因此而满足,他内心里还是希望能到学堂里去,学习一些新的知识,将那些让自己感到困惑的东西搞明白。

孙眉见弟弟一心想要求学,便满足了他的心愿,将他送进了当地的盘罗河学校,学习算术。

盘罗河学校设施较为简陋,学生大多数是土著人、混血儿。学校完全采取西式教学方式,与孙中山在中国就读的村塾大不一样。

这所学校里,只有孙中山是华人。刚开始同学们看到这位新来的同学脑后拖着一条又黑又亮的辫子,都感到十分新奇。他们围着孙中山左看右看,交头接耳地议论着。一个同学还怯生生地伸出手,摸了摸那条长长的辫子。孙中山大方、友好地冲着这个同学笑了笑,同学的好奇心得到了满足,红着脸笑着跑开了。

这时,突然跑来几个粗壮的混血儿同学,他们不怀好意地用土语对孙中山百般嘲弄。其中有一个混血儿竟然扯起孙中山的辫子说"这是一条牛尾巴"。还有几个孩子把孙中山脑后面的辫子称为"野猿的尾巴"或是"马尾巴"。

由于刚刚进入这所学校学习,孙中山容忍了他们的恶作剧。可是,没有想到这几个混血儿竟然得寸进尺,在以后的日子里,不但没有收敛,反而变本加厉,不断地戏弄孙中山的辫子,甚至对他进行侮辱。孙中山对此一直很气愤,同时也对自己的辫子越来越感觉怪异。

有一天,忍无可忍的孙中山终于发怒了,他与那几个同学打了起来。他从小就参加劳动,长期的劳动锻炼给了他一副强健的身体,而且他在三合会武馆旁边学得一些武术,使他的身体极为灵活敏捷。那几个顽皮的同学,居然被孙中山打得落花流水,落荒而逃。

在回家的路上,孙中山心里又感到非常后悔,同时觉得脑后的这条辫子确实不那么美观,与当地人格格不入,还很累赘。

孙中山一回到家里,就撂下书包,跑到大镜子面前,怔怔地审视着自己。镜子里面的这个中国少年头戴瓜皮小帽,身着黑缎提花长袍、暗紫色的马甲,脑后拖着一条乌黑油亮的辫子,如果再在嘴上加上一撮胡子的话,活脱脱就是一个村塾的老学究。

这时,孙中山想:盘罗河学校里的其他同学是多么无拘无束、生机勃勃,一个个都像自由的鸟儿一样;而他则拖着一条长长的辫子,好似拖着一条长长的锁链一般,让他感觉十分不舒服。

想到这里,孙中山猛地一转身,从桌子的抽屉里找出一把剪刀,伸出手去抓住那条让他受尽屈辱的辫子,张开锋利的剪刀,对准发辫的根部,正要一下将它剪断。忽然,拿剪刀的手被人紧紧地抓住了。

孙中山扭头一看，原来是大嫂。大嫂满脸惊恐地对着他连声说："怎么，你不要命了？没有了辫子，你就永远不能回国去了，朝廷把没有辫子的人都当作反贼，捉住了就要砍头的。"

大嫂的叫嚷声惊动了孙眉，他走过来，厉声对弟弟说："蓄发是祖宗传下来的，你擅自将发辫剪去，怎么对得起列祖列宗？我们中华是文明之邦，辫子就是我们与蛮夷的区别，你竟然想将它剪去，这成何体统！"

孙中山不服气地说："这里的外国人都不留辫子，不是也很文明吗？"

孙眉一把夺下孙中山手中的剪刀，板着脸说："这是人家国家，不是中国。人家国家的制度，你一时是弄不明白的，等你长大了才会明白。"

孙中山气愤地说："这条发辫是清政府强加给我们的屈辱，总有一天我们要唤起全国人民来剪掉它。"

"不要再胡说了，还是好好念你的书吧。"孙眉皱着眉头说。

虽然孙中山最终还是屈从了哥哥的劝说，但是他的心里对这条辫子的厌恶不仅没有减少，反而随着年龄的增长而与日俱增。

在孙中山的一生当中，尤其在他的少年时期，在那个清政府即将枯朽的年代，他所经历的事情，他所看到的、听到的，都

是整个封建的传统制度与现代民主制度之间的相互冲击。这些都潜移默化地改变着孙中山的思想。

孙中山在盘罗河学校补习了几个月功课,学会了珠算和记账的办法。之后接着在店里做学徒。

孙中山在店内当学徒期间,除了与伙计们用广东话交流之外,还常与顾客交流。在和土著人的接触中,他很快学会了当地土著人的方言。

孙眉见弟弟大有进步,在店里又很勤快好学,每次来店时都要表扬鼓励几句。

一次,孙眉正兴奋地夸奖孙中山能干,未来能帮自己大忙时,孙中山不耐烦了。

孙中山缠住孙眉说:"你还是送我去读书吧,我不想做生意。"

"阿弟,你看我多忙。人手太少了,你还小,帮我管管店务,学点生意经,过两年我就可以分点资金给你,你可以办农场,开商店,发大财,有什么不好呢?"孙眉有些惊讶地说着。

"我不当老板,不想发财。"孙中山坚定地说,"我要读书,救国救民。"

孙眉一愣说道:"哈哈,做生意有了钱也可以救国救民嘛!你如果坚持要读书,那就好好地读书吧!"

孙眉感觉弟弟的这些想法有些幼稚可笑,但是想想弟弟年龄还小,还是应该让他多学习一些东西。

"阿哥,这里的新鲜事太多了,不学不行啊!"孙中山有些感慨地说着。

孙眉笑着说:"你来这儿不久就学会了许多东西,但上学还是要懂英语。"

孙中山说:"我发现英语比中文好学,我会很快学会英语的。"

那时夏威夷流行的是英语,顾客中有大量的美国人、英国人,但是孙中山却不懂英语。孙眉虽然懂英语,但是他生意繁忙,根本没有空闲时间教弟弟学英语。

因此,经孙中山的一再要求后,孙眉决定送孙中山入学。为了让弟弟尽快学会英语,尽快了解夏威夷的世情风俗,孙眉就让弟弟进了一所寄宿制学校。

进入正规学校学习

1879年9月,孙中山进入夏威夷最早的一所用英语授课的学校——意奥兰尼学校——学习。它是檀香山的英国圣公会主办的,是一所八年制的学校,从小学一直到初中;从后来孙中山毕业的情况来看,他入校时读的是初中。孙中山入学的时候,已经是开学两个星期之后了。

这所学校的学费、膳宿费是每年一百五十美元,这在当时是相当昂贵的。不过,这是一所极为正规的学校。在校长韦礼士主教的主持下,学校管理非常严格,教育质量比较高。教师也大都为人正派,富于同情心,非常敬业。可以说,意奥兰尼学校是一所相当不错的学校。

意奥兰尼学校的英国色彩十分强烈,不仅教学完全使用英文,所有的课本都是英文的,而且教材的基本内容也是英国文化。算术中的计量单位使用英制,比如镑、先令、便士、英里、英亩等。

课堂上讲授的是英国历史、英国文学,以及西方的社会政治学说、西方自然科学的基本知识,当然还有宗教教育。教师也基本上是英国人,只有一位初级英语教师所罗门·美厚拉是夏威夷当地人。

由于学校的教学完全使用英语,孙中山刚入学时几乎一句话也听不懂,老师和同学的话根本听不明白,自己的意思也无法表达,唯一的交流机会就是下课后与华人学生用中文交流。(这所学校里有十来个华人学生。)

这让孙中山觉得很苦恼,但他并不气馁,下定决心要掌握英语。他觉得,别人能掌握的,自己也一定能掌握,更何况入校学习也是来之不易的机会,一定要珍惜,如果因此而辍学,那就是自己的耻辱。

有个英语老师见孙中山一点也不懂英文,他告诉孙中山不要着急,并安排他上课时坐在前排。他还采用了一种与众不同的教学方法,先让孙中山在课堂上观察了十来天,要求孙中山仔细地听、观察,注意老师和同学们的发音和口型。他还专门给孙中山开小灶,用手势和孙中山交流,教孙中山英语的字母、拼写、读法、造句方法。

孙中山在学校学习非常刻苦,每天都在教堂门前的走廊内读书,有时深夜起床,来到走廊借助路灯复习英语。

一天,孙中山正在走廊的微弱灯光下练习英语,校长轻步走过来问道:"孙文,你怎么还不休息?"

孙中山用英语答道:"我睡不着。"

校长赞许地说:"你进步很快啊,英语怎么说得这么好?"

孙中山答道:"英语只有二十六个字母,比中国话好学。"

校长感叹地说:"聪明的中国人,你很快会学到更多知识。你喜欢读伟人的传记吗?"

孙中山点了点头。

"我的书柜里有很多书,伟人的传记也不少,有《华盛顿传》《林肯传》,还有达尔文的《物种起源》,还有法国革命史料、《拿破仑传》,你都应该读一读。"

从此,孙中山对世界各国的历史和现状产生了浓厚的兴趣。他崇拜华盛顿、林肯、拿破仑,暗暗发誓要做华盛顿式的人物。

孙中山还经常到海边或树林去大声朗读英语,钻研语法,

英语水平进步非常快。

与此同时,孙中山也没有放弃本国语言文化的学习。据他的同窗学友唐雄追忆,孙中山颇为注重对国学的学习。课余时间,孙中山不喜欢与同学游戏,常常独坐一隅背诵古文。

当时,广东顺德人杜南,应驻粤美国领事的邀请,正在檀香山教授当地美国政府人员学习华文、粤语。杜南在课余设立夜校,教授华侨子弟学习中文。孙中山报名参加了这个夜校,并且与杜南先生过往甚密。因此,孙中山的国学基础没有退化,反而有所加强。

除了课业以外,意奥兰尼学校还为一些家庭比较困难的学生提供勤工俭学的机会。孙中山虽然有大哥孙眉的资助,没有经济方面的困难,但他还是和同学们一起管理学校的菜园,同时也做其他杂务。

孙中山还参加了救火会的义务消防训练。他联想到,在家乡时,根本没有看到过与救火会类似的组织。一旦发生火灾,人们就万分恐慌,没有组织地乱扑一阵,往往损失惨重。在这一点上,外国人又比中国人做得好。

在孙中山进入意奥兰尼学校的第三年,学校开设了兵式体操,孙中山尤其感兴趣。在操场上,他扛着步枪站在严整的队列里,目光直视前方,在"咚咚"的军乐声中,杀敌的疆场似乎正在前方慢慢地展开。

获得英文文法奖

1882 年 7 月的一天上午,意奥兰尼学校的礼堂里,正举行一年一度的隆重庄严的毕业典礼。

这一年盛况尤为空前,因为夏威夷国王要出席,向优等生颁发奖品和证书。国王的驾临,使这个学校整整忙乎了一周:打扫校园,清除垃圾,粉刷门面,张贴标语,布置会场,购买奖品,等等。

这一天,全校师生早早吃了早点,集合在礼堂,等待国王的驾临。9 时 15 分,国王的专车缓缓到来。在校长的陪同下,国王登上了主席台。台下坐满了参加典礼的学生。在隆重的锣鼓声中,校长致辞,毕业典礼正式开始。

毕业典礼中最为激动人心的一项开始了,即颁发毕业文凭,以及对品学兼优者进行嘉奖。其中,每年的英文文法奖都是颁给英美籍学生,夏威夷本地学生、华人学生与此无缘。但今年获得此项殊荣的,竟有一名华人学生——孙中山获得了英文文法第二名的好成绩。

孙中山健步登上领奖台,颁奖者是国王。望着这位东方少年,国王笑着说:"祝贺你的成功。"

孙中山荣幸地从国王手中接过了奖品、毕业证书,台下顿时响起了一阵热烈的掌声。孙中山在同学庆贺的掌声中,把奖品高高举起。

参加典礼的华侨们更是兴奋异常,他们低声地议论着:

"真了不起,三年前他连英语都不会讲,现在居然能得奖,不简单!"

"听说他算术的成绩也特别好。"

"不单是算术,其他各科也都不错。"

"真是难得。"

孙中山给中国人争了光,给广东人争了光,给香山人争了光,也给翠亨村人争了光。

随后,很多人前往孙眉家中祝贺,孙眉兴奋地向大家宣布:"我阿弟获得了国王的奖品,给我们华侨争了光,我很高兴。现在,我决定将我财产的一半,分给我的阿弟。"

这个意外的决定,使孙中山不知所措。

孙眉继续说:"我期待着阿弟给我们增添更大的荣誉。"

在一片掌声中,孙中山突然宣布:"我不会做生意,我还想多读点书,弄明白一些道理,今后为救国救民效力。"

"好,有志向!"

"有扶社稷之志,应受到尊重和支持!"大家齐声称赞着。

孙中山知道,今后要学的东西更多,要走的路更长,因此也就要付出更大的努力。他一点儿也不自满。

在哥哥的支持下,初中毕业后的孙中山,秋季又顺利进入了一所高级中学奥阿厚学校。它是1841年由美国基督教传教士创办的,是夏威夷的最高学府。学校采用美国学制,英语、历史教学最为著名,可以说是到美国大陆求学的预科班。

孙中山在奥阿厚学校仍然勤奋学习,刻苦用功,进步很快,一直是学校的优等生。

结束了第一次海外学习生涯

夏威夷群岛原来是由波利尼西亚人居住的,"夏威夷"在波利尼西亚语中是"原始之家"的意思。1778年,一位英国探险家航行到那里。此后,英国人就在那里传教、经商,后来又设立了邮局。自19世纪50年代起,美国就认定夏威夷是它向太平洋扩张势力的跳板,因此决定要逐步吞并夏威夷。自1861—1865年南北战争以后,美国的势力就逐渐侵入夏威夷,夏威夷逐渐失去了独立地位,成了美国的附庸。美国的侵略激起了夏威夷人民的极大愤慨,反美情绪日益高涨。

1882年秋,夏威夷国王环游世界后,顺应民心地提出了"夏威夷是夏威夷人的夏威夷"的口号,民气高涨。当地华侨中不少人也支持夏威夷人民的反美斗争。

可以说，夏威夷人民强烈的民族主义情绪、反抗殖民统治的斗争，给年轻的孙中山上了最好的一堂政治课。他联想到中国遭受帝国主义侵略的事实，逐渐萌发了反对殖民主义、要求民族独立的思想……

奥阿厚学校是夏威夷的最高学府，在这里毕业以后，如果还想深造，就只好去美国上大学了。孙中山当然愿意深造，他在心里盘算着自己的未来。但是，事情很快就发生了变化。

无论是在意奥兰尼学校，还是在奥阿厚学校，宗教教育都是学校教学中的重要内容。学校的师生大都是教徒。学校不仅专门开设了《圣经》课——由主教亲自讲授，而且要求学生早晚在学校教堂做礼拜，星期天还要到校外教堂去做礼拜。在这种教育环境中，孙中山逐渐对基督教有了信仰。孙中山经常研究教义，与别人讨论教理时也滔滔不绝。学校的华人同学多已成为基督教徒，孙中山也想接受洗礼入教。

有一天，孙中山跟大哥说："同学们都受洗了。"

不等孙中山说完，大哥就瞪起了眼睛："怎么，你是不是也想受洗？"

孙中山默默地点点头。

大哥生气地说："这不行。你不要忘记，你是一个中国人，不能什么都学洋人。"

那个时候，夏威夷的华人已经因为宗教的问题而分成了两派，孙眉站在相信传统的一边。孙中山不敢反驳哥哥，可是并没死心。他虽然不再提受洗的事情，却开始积极地参加宗教活动，每个星期天都到教堂去做礼拜。

那时，檀香山的华侨中信仰关云长的人不少。有一天，孙中山将孙眉挂在厅堂内的关帝画像扯下来，对职工们说，关云长只不过是三国时代的一个人物，死后怎能降福于人间、替人们消灾治病呢？生了病应该请医生治才是。

孙中山的这些言行被反映到孙眉那里，自然引起他的强烈不满。最初，孙眉还能容忍弟弟的这种行为。

但是，孙中山从学校回到家里后，总是批评工友们信仰中国传统的民间诸神的不当，并向他们宣传基督教教义，日益引起工友们的不满。

牧场中的一位姓杨的管账先生对孙中山的这些言行最不能容忍，他一再在孙眉面前告孙中山的状，说孙中山无君无父，扰乱场规，煽惑工人，甚至以辞职相威胁。

这一切，孙眉看在眼里，急在心中。他的本意是将弟弟培养成经商方面的人才，但眼前的情况却与自己的初衷相反。

同时，孙眉又怕父亲责怪他没有管好弟弟。他觉得弟弟越来越像洋人了，可他不能把弟弟培养成小洋人。但是，弟弟一天天长大了，他也不好深管。于是，他给父亲写了封信，征询父亲的意见。父亲当然也很生气，叫孙眉赶紧把孙中山送回国。

孙眉把父亲的信交给孙中山说："父亲的意思是让你回

国,你看怎么办呢?"

孙中山一边看信,一边听着哥哥说话,没有回答。

孙眉望着眼前的弟弟,十分婉转地劝说道:"你现在所受的西洋教育也差不多够用了,你又不想做生意,我看你还是回国念书吧!"

孙中山心里虽然百般不情愿,但也无话可说,只好同意。他说:"既然父亲和大哥都让我回去,我自然没有话说。"

孙中山知道,他在这里念书,学费都是大哥供给的,他不能不听大哥的。

孙眉心里也明白。他把在檀香山的一部分产业过到孙中山的名下,作为孙中山将来继续念书或成家立业的基金。对这个不安分的弟弟,当哥哥的可以说是尽到自己的责任了。

经过文艺复兴、宗教改革、启蒙运动以及近代西方政治进化的一再冲击和影响,基督教已经成为西方文化的重要内容。

接触并信仰基督教,使孙中山受到了基督教的救世观念——特别是其中的"平等""博爱"思想——的影响。

1883年6月,十七岁的孙中山就这样心有不甘地结束了自己第一次海外学习生涯,自檀香山启程回家乡。但是,这时候的他,再也不是几年前初出家门的、以怯生生的目光好奇地打量着周围世界的那个乡村孩童了。

孙中山接触并且初步了解了一个与传统中国完全不一样的世界,接受了与中国传统的私塾教育大不相同的西方教育,他的眼界、知识、观念发生了重大的变化。对于一些原来他看到而且不满意的事,他现在初步找到了批评的武器;对于一些他原来以为想当然的事情,现在也产生了疑问。

关于这几年对自己的影响,孙中山在1912年说:

> 我幼年时候,在家乡的村塾从老师读书,所学并不多,读了几年书,不过是略识得几个字而已。
>
> 过了几年后,有机会到檀香山,进入了西方的学校学习,看见那里的教育方法远比家乡村塾的教学方法要好。
>
> 因此,每每在课余时间与学校里的中国同学谈心,言谈之间不由得就产生了"改良祖国,拯救同群"的愿望。那时候的心情就恨不得使中国所有的人都能脱离苦海,都能过上快乐幸福的生活。

遭受海关人员的四次勒索

1883年6月,孙中山先坐轮船到香港,然后从香港改乘中国沙船赴香山县的金星门港。

由檀香山乘船到香港,行程二十多天,一路顺风,太平无事。可是,由香港乘沙船回乡时,孙中山再一次见识了他以前在乡下多次见到的腐败现象。

原来,金星门港位于珠江口内,过往的船只必须经过厘金局关卡的检查。厘金局关卡的官员们非常腐败,他们总是以检查为借口,对旅客和船主进行勒索。如果有人反抗,他们就把船扣押起来,直到罚足了钱财、捞够了油水才放行。

船将靠岸时,依据往常的经验,船主告诉乘客,前面就是海关,船要靠岸,将有海关人员上船检查,大家必须小心应付,尤其要有耐心,千万不要得罪了那伙海关老爷,否则出了事,整船人都要受牵连。

果然,船一靠岸就有一批拖着长辫的海关衙门的官吏老爷吆喝着上了船,说是要搜查私货。这伙人一上船就开始指手画脚,要大家打开行李接受检查。乘客如同老鼠见了猫,手忙脚乱地将行李打开,接受这伙老爷的检查。

为了讨好他们,以免引起麻烦,还有乘客给海关人员送礼。他们翻来翻去,拿了不少值钱的东西。忙了一通之后,海关老爷们心满意足地下了船。

正当大家以为可以过关时,又一批官吏吆喝着上了船,他们说是收厘捐的,又要大家打开行李。

一个官吏神气活现地走到孙中山面前蛮横地说:"你,说你呢!怎么不把行李打开?"

孙中山不解地问:"我这刚打开过行李,怎么又要打开?"

"不明白是吧？前面是收海关税的,我们是收厘金的,这是两码事。"

船上又是一番忙乱,收厘金的官吏捞了一笔之后下了船。

这批人刚走,又有一批官吏上船,又要大家打开行李接受检查。

孙中山问:"我们已经打开两次行李了,怎么还要检查?"

"少啰唆!我们是查禁鸦片的,老实开箱。"那些人也是如法炮制,搜查一番。

乘客们早已叫苦不迭,但讨厌的检查还没有完。这第三批检查人员刚走,又来了第四批要查洋油走私。他们上船来,依然要大家打开行李,接受检查。

孙中山一次又一次地把箱子打开又锁上,心中早已不耐烦了。他实在忍无可忍,便抗议问道:"前面有三批人来检查过了,我的行李已经打开过三次了。这次你们又是查什么的?"

其中的头目说:"怎么?有意见?告诉你,我们是查禁走私火油的。还不老老实实地打开行李!"

孙中山再也按捺不住心中的怒火,他高声质问:"你难道看不清楚?看看我的行李的数量与形状,你难道不知道里面有没有藏火油?你们已经查过三次了,这是第四次。为什么要分四次?合并作一次不好吗?这简直是故意找麻烦!"

孙中山的一番话说到了乘客们的心里,却惹恼了第四批

上船检查的官员,他们互相递了一下眼色,阴笑着说:"那好,我们不检查了,我们走。"说完便扬长而去。

孙中山以为自己的话起了作用,心里很是高兴。可一些有经验的人却提醒他,事情并不像他想的那么简单。

果然,过了不久,船主来告诉大家,船被扣留了,要等上级的批示。

"这可怎么办呢?"旅客们问。

"实在不行,只有破费了。"船主说。

有些人在唉声叹气。

船主望了望大家,劝慰道:"大家不必着急,这事让我来想办法。"

直到第二天晚上,船主拿出了一笔钱,才得以放行。

刚刚回国,还没到家就碰到了这样明目张胆的敲诈勒索,这对于见过世面、接受了新思想的孙中山来说,实在是一个重重的刺激。这件事情让孙中山更加感受到了清政府的腐败,更加坚定了他推翻清政府、坚持革命的信心。

船开动之后,孙中山语调沉重地向乘客们宣传必须改造中国政治的道理,他说:"古语说,'天下兴亡,匹夫有责'。现在国家就掌握在这些腐败的官吏手中,长此以往,国将不国。在座诸位难道能坐视不救吗?"

船上的乘客闻听此言,有人颔首会意,觉得这位少年的话有道理;也有人摇头叹息说:"这小子不知天高地厚。国家是我们这样的小人物能救得了的吗？"

孙中山不管人们的反应如何，一路上不停地宣讲，一直到下船为止。

反对听天由命

回到家里，孙中山受到了家人、村中好友的热烈欢迎。父亲孙达成也没有追究儿子要受洗当基督徒的事情。像当年欢迎孙眉一样，孙中山刚到家，父亲便摆上酒席以示庆贺。

不过，孙达成心中也有几分不安。大儿子孙眉已经成家立业，看来不用操心了；可小儿子却不能让他省心，他要把小儿子留在身旁。他对孙中山说："你离家很久了，应该去问候一下亲友长辈，顺便了解一下家乡的情况，以后要和大家好好相处。"

孙中山遵照父亲的嘱咐，拜访了长辈和亲友，大家请他吃饭，向他问长问短。

人们热情邀请孙中山讲述他在海外的见闻，他自然乐意。他向人们讲述他所见到的巨轮、蒸汽机、海葬，讲述那奇妙的邮局，讲述夏威夷的风土人情，讲述他在夏威夷的学校生活，讲述他在书本上结识的华盛顿、林肯这些颇有传奇色彩的

伟人。

村里的人们对这位见多识广的青年人刮目相看,他们推举他参与管理乡里事务。

孙中山利用自己的知识,提出一些改良乡政的主意,比如:修整道路;街道上夜间点上路灯;为了防盗,村中的壮丁组成夜警队,轮流值班;夜警队队员配备枪支。他的这些建议十分实在,因此都被大家接受。

在积极改良乡政的同时,孙中山还向村民宣传他所接受的新观念、新思想,批评清政府腐败的政治,以及乡间的旧习俗。

那时,广东正办团练,清政府派阅兵大臣到香山县举行了阅兵仪式。香山县官府一向虚报兵勇名额以贪污饷银,上面派人来检阅了,就临时派人到各乡抽调壮丁冒充兵勇以蒙混过关。

孙中山的同村好友陆皓东,以及同村的几个壮丁,就被抽调去参加阅兵。一群乌合之众,自然只会出洋相。到检阅时,队伍不整,步伐不齐;到了实弹射击环节,更是洋相百出,有人连枪都不会放。

回到翠亨村之后,陆皓东将亲身经历告诉了孙中山,他们两人对于清政府军政的腐败十分愤慨,认为要对付这样的兵勇,只要五六十个健儿就可以夺下虎门炮台。

孙中山沉思后,对陆皓东说:"为什么我们自己没有像样的队伍呢？那样我们就可以夺取政权，中国就可以取得它在世界强国中应有的地位了。为什么没有人来开始做这件事情呢？"

陆皓东笑着说："也许你就是做这件事情的人。"

要反抗，这是孙中山思考最多的问题。

在翠亨村，孙中山进一步感受到清政府的腐败。孙中山离家四年，以为家乡一定有很大变化，没想到他看到的还是老样子：捐税的负担还是那么重，香山县的衙役、税吏时常到翠亨村收税、敲诈勒索；村民的日子还是那么苦；就连村塾教学仍然沿袭旧规，背诵强记，像从前一样单调、沉闷。

面对这种现实，翠亨村的人们很少抱怨，他们常说的一句话是"听天由命"。

人们的这种麻木状态使孙中山很失望。受过西式教育熏陶的孙中山，已经能够讲出一番道理来了。有一次他公开对村民们说："我们不能听天由命，我们应该自己创造命运。那些清朝官吏只知道向我们要钱，他们拿了我们的钱，我们却没有得到出钱的益处。一个政府应该替人民管理种种事情，就好像家长应该注意到家中每个人一样。我们既然出了税，他们就应该每年做些事情，但是他们只知道收税，我们出的钱都到哪里去了？都到皇帝那里去了！他不是我们的皇上，也不配做我们的皇上！"

孙中山的话没有人肯听，倒使村民们感到很吃惊，有的认为这话大逆不道,有的认为这是小孩子胡说八道,有的竟吓得躲开了。

当然,孙中山的言论使父亲很担心,有一天他告诫孙中山:"这次让你回来,是想让你多读一点中国的书,多学一点中国的规矩。不要忘记你是一个中国人。我知道你信洋教,但是我希望你不要再跟村里人讲那种话。"

孙中山对父亲的话没有反驳,但依然我行我素,到处传播他的改革思想。

前往香港求学

1883 年 11 月,孙中山告别家乡,告别父母,告别好友,乘船来到香港,进入了英国基督教圣公会办的中等学校——拔萃书院,继续他的高中学业。同时他还利用课余时间,跟一个叫区凤墀的基督教华人传教士补习国文。

不久,经区凤墀介绍,孙中山结识了美国牧师喜嘉理。这年年底,孙中山和从上海来香港的好友陆皓东,在香港的美国纲纪慎教会礼拜堂受洗成为基督教徒,主持受洗仪式的就是喜嘉理牧师。

孙中山在拔萃书院读书时,取号"日新"。这也是他的教名。

后来区凤墀用"日新"的粤语谐音给孙中山起号"逸仙"。在此后的很长一段时间里,孙中山都是用的这个号。

1884年4月,孙中山又转学到香港的中央书院(今皇仁书院)继续求学。

中央书院建于1862年,是香港第一所由英国当局所办的官立中学,也是一所新式英语学校,校长、教员均来自英国著名大学,他们的思想都很民主、开放。这是一所十分优良的学校,教学质量很高,中国近代有不少著名人士都曾在这个书院求学。

在中央书院,孙中山认真学习各类课程,攻读中外文书籍,加深了对西方科学、社会、政治制度的认识,尤其是对英国国会的发展、王权与人民的斗争经过、法国大革命的故事、19世纪欧洲的革命等都有了深刻了解。

像在檀香山时一样,孙中山仍然努力学习,白天专心听课、认真复习,夜晚还请人辅导。在全班学生中,他的英文最好,深得教师们的赞许。

孙中山勤学好问,常对人说:"学问学问,不学不问,怎样能知?"他爱读诸子百家的著述,涉猎群书,知识面广,因此同学们给他起了一个绰号,叫"通天晓"。

学校的一切都很顺心,孙中山心中自然也十分舒畅。

1884年11月,孙中山忽然接到大哥的信,说檀香山的生意做失败了,如今需要资金,因过去有些财产登记在了他的名下,需要他前去协助。接到信后,孙中山只好前往檀香山。其实,真实情况是这样的:

孙眉从父亲的来信中得知,孙中山在翠亨村捣毁神像,引起众怒,不得不避走香港。如今他又在香港正式受洗,入了基督教。孙眉认为,弟弟的这些活动都是胡作非为。孙眉觉得,弟弟之所以如此胆大,如此不听话,一定是因为他仗着自己有钱;这笔钱留在弟弟手里很危险,说不定将来会闯大祸,连累家人。孙眉真后悔把一部分财产划给了弟弟,决心收回这部分财产。但律师告诉孙眉,这笔财产既然已经过户给了弟弟,契据上有弟弟的签字,要收回也得由弟弟自愿放弃,亲笔签字才行。没办法,孙眉只好写信给弟弟,谎称生意失败,唤弟弟来檀香山。

等孙中山到了檀香山后,孙眉向弟弟说明了这一切,然后叹气道:"不是哥哥不心疼你。我给你一部分产业,是想让你回去以后成家立业,为祖上争光,不是让你拿来闯祸的。我担心,你手里有了钱,将来会闯更大的祸,以致连累全家的人,所以我打算把这部分产业暂时收回,等你以后改正了再说。"

像绝大多数中国传统家庭一样,孙中山的父母、哥哥孙眉都希望孙中山走一条循规蹈矩、安分守己的路。

孙眉的一番话,说得推心置腹、语重心长,可孙中山听来却很不是滋味。他觉得自己做的事都是正事,并没有胡作非为,更没有仰仗自己有钱干什么坏事。

孙中山知道,钱对于他来说确实很重要,没有哥哥给的这笔钱,他无法继续念书,前途将会受到很大影响。但是,孙中山也明白,这笔钱是大哥给的,大哥有权收回去,何况大哥这么做本意是为了他好,他不愿得罪大哥。所以,孙中山毫不迟疑地决定将那份财产归还给大哥,并随同大哥办妥了退还手续。

接下来,孙中山被哥哥留在店里帮忙做生意。但是,孙中山在侨民中继续谈论改变中国政治的话题,而学做生意也非他的本意,店里伙计也对他的政治热情十分不解,甚至有些厌恶。孙中山无法忍受这一切,几个月后便向哥哥提出回香港继续上学。

1885年4月,孙中山乘坐客轮经日本回国。

孙中山本来是想在翠亨村休息一下以后,马上到香港中央书院去复学,不料一到家就接到了父亲让他马上结婚的命令。

孙中山一点儿思想准备也没有,被搞得晕头转向。后来他才知道,这也是大哥做的文章:

原来,孙中山刚一离开檀香山,大哥就又生气又后悔,气的是弟弟不听他的话,竟敢自作主张;悔的是自己对弟弟责罚太严,有些不近人情。孙眉觉得没有把弟弟管好,心里很内疚,于是马上寄来一大笔钱,让父亲为孙中山完婚。孙眉想,这也许是拴住弟弟的唯一办法了。

孙中山拗不过，只好奉父母之命，凭媒妁之言，于5月26日与同县外望村商人卢耀显的女儿卢慕贞结了婚。

和当时许多中国人的婚姻一样，孙中山的这次婚姻是一桩包办婚姻。决定婚姻的并不是要结婚的这对男女，而是所谓的父母之命、媒妁之言，也就是双方父母的定夺，以及媒婆那两片能说会道、上下翻飞的嘴皮子。

同当时许多中国男人一样，孙中山也是结婚以后才认识并逐步了解自己夫人的。卢慕贞是一个没有多少文化的旧式女子，她希望过安定的日子，希望自己的丈夫要么读书做官，要么务农经商，有自己的一份事业。孙中山是一个有理想有抱负的人，后来走上了革命的道路，当了职业革命家，大部分的精力都放在了救国救民的革命事业上，对于家庭的照顾相对比较少，而且为了革命长期流亡在外。所以，他们俩的志趣、理想有很大的差别，加上聚少离多，长期天各一方，感情的隔阂越来越大，彼此之间徒有夫妻的名分。1915年，孙中山与卢慕贞协议离婚了。

这场婚礼让孙中山在家里住了三个月。他外出求学的心并没有死，便再次离开家乡，奔赴香港，回到中央书院复学，一直到1886年修完了中学课程。

经过了这一系列的曲曲折折，孙中山终于认清，要实现自己的民族改良愿望，只有回到中国，去改造中国，从事革命。

关注中法战争

1883—1886 年,除去中间多半年因事离开香港,孙中山在香港先后学习了两年多。这期间,孙中山虽然一度对基督教抱有浓厚的兴趣,并因此与大哥发生过严重的争执,但是他并没有成为一个传教士;相反,他的革命思想开始酝酿了——相比于基督教教义里的关注天国的自由与幸福,他更加关注中国的现实。

孙中山一直关注现实中的中国人民的疾苦,他谋求的是中国人民现实的自由、平等、幸福。还在檀香山读书的时候,他就立志要改造中国。

孙中山坚定地关注中国现实还有一个重要原因,就是中国在 1883—1885 年中法战争中的失败,这刺激了他,使他从天国的梦幻中惊醒过来。

孙中山在拔萃书院、中央书院念书的这几年,爆发了中法战争。自中法战争爆发之日起,孙中山就十分关心战争的进程,经常阅读香港的报纸,注意有关战况的报道,并常常与同学们一起讨论有关战争的问题。

孙中山还注意听取前线回港士兵、越南归侨的口述,打听

有关战争的情况,尤其注意打听清军的军备、组织、指挥体制等方面的情况。

孙中山认识到了清政府的腐败与昏庸,也认识到了清军装备与指挥体制的落后,对于战争的前途非常失望。当时一些人对于中法战争的前途盲目乐观,孙中山就向他们指出,以现在中国的军备与军队,不可能在这场战争中取胜。

当冯子材、刘永福率军取得巨大的军事胜利之时,清政府却将胜利变成自己妥协的砝码,与法国人签订了丧权辱国的条约。清政府的这种行为,进一步加深了孙中山对清政府腐败无能的认识。他内心的爱国主义情绪进一步被激发出来了,他暗下决心,要推翻清政府的腐败统治。

在耳闻目睹清政府腐败、昏庸的同时,孙中山也从中法战争过程中看到了中国民众的觉醒。

1884年8月,法国舰队进攻台湾、福建、浙江沿海,激怒了中国广大民众,广东、福建、浙江、云南、贵州、湖南等地的人民纷纷奋起反抗,旅居美国、日本、古巴等地的华侨也纷纷捐款回国支持抗法战争。香港虽然在英国的殖民统治之下,但是香港民众冲破殖民政府的种种压制,掀起了抗法斗争的热潮。

在整个中法战争期间,香港居民拒绝与法国人合作:

商店的店员拒绝把货物卖给法国人;码头工人不为法国军舰搬运给养;法国人为兵船购煤,多次高价招人搬运,也没有挑夫应招；法国商船到香港，码头工人不为他们卸货，民间的货艇也不运他们的货物；法国船只派人上岸购买牛羊，民间船只也拒绝运送这类货物；受创的法国军舰开到香港修理，中国工人拒绝工作。

1884年9月，一艘在马尾海战中受创的法国兵船开到香港修理，香港的工人拒绝工作，迫使法国人将该船拖往日本修理。

一艘受创的法国水雷炮艇驶入九龙船坞修理，香港的居民和华工秘密商议要想方设法将这艘炮艇烧毁，港英当局闻讯后连忙派警察日夜守护。

港英当局对于香港民众的这种抗法情绪十分不满，竟然公开强制香港民船为法国船只运送给养与货物。强制无效之后，港英当局居然逮捕船民，罚以重金。

这种做法引起了香港群众的极大愤怒，船民宣布全体停工。船民的斗争得到了码头工人的响应，码头工人宣布全面罢工，香港的内外货运全部停止。

港英当局知道众怒难犯，只好释放被捕船民，退还罚金，但是仍要求船民复工，再次遭到船民的严词拒绝。港英当局恼羞成怒，采取武装镇压，工人奋起反抗。

在对抗中，一名华工被打死，另有多人被捕；英国士兵也有十一人被打伤。这更激起了广大香港居民的强烈义愤，

香港爆发全面罢工、罢市运动,而九龙的天地会也准备发动起义。

局势十分紧张,港英当局十分恐慌,赶忙找来有身份的华人出面调停。调停的结果是:

港英当局释放所有被捕工人,给被英国士兵击毙的华工家属二百元抚恤金,以后港英当局对于工人不为法国船只搬运货物的行为不再干涉,听任工人自由行动。

这次抗法罢工罢市斗争取得了全面胜利,给全国人民以极大的鼓舞。

香港爱国同胞的正义斗争,对于年轻而有爱国热忱并一直关注着中法战争进程的孙中山,更是莫大的鼓舞。他从香港工人、市民抗法斗争的英勇举动中,看到了中国人的爱国心。

孙中山目睹了清政府的腐败无能,因而顺理成章地产生了要将其推翻的志向。不过,他这时的"倾覆清廷,创建民国"的决心,在很大程度上还只是一种意向,并不是他马上就要着手的工作。

孙中山就是在这种背景下,从中央书院毕业的。

选择学医救国

孙中山在拔萃书院、中央书院念书的这几年,学费仍由他哥哥供给。和许多青年人一样,那时的孙中山对自己将来的职业和发展方向也曾有过种种的设想。

孙中山读书的时候,家庭条件相对比较宽裕,上学的费用是不用发愁的。

父母对于他的人生道路选择也没有僵硬的规定,而是给了他较大的自主选择权。在他们看来,只要是走正道,孙中山学什么都可以。

大哥孙眉虽然对于孙中山的人生道路选择有过一些干预,比如希望他经商,但是孙中山坚持了自己的主见,孙眉还是能够理智地做出让步的。

有些朋友劝孙眉捐个一官半职,让孙中山走入官场。有些朋友则希望孙中山进神学院,将来做一名传教士。

对于当官做老爷,孙中山没有太大的兴趣;对于当传教士,他虽然曾经一度有过打算,但很快就抛弃了这一计划,决定要为中国人谋求现实的幸福。

在香港求学期间,孙中山一度认为学习军事可以抵御外侮，因此他想去学海军，直接从事保卫国家的实际工作。但是，在 1884 年 8 月马尾海战中，中国花费七年建成的福州马尾造船厂以及十余艘兵舰，竟然在七分钟之内被法国海军的炮火毁得精光。

这一消息传来，不仅使孙中山前往投效海军的报国壮志无法实现，而且也引起了他的深思。

孙中山有时又想学法律，当一名主持正义的律师。但是，当时的中国连法律学校都还没有，社会上只有包办官司的讼棍，没有近代意义上的律师，而且清政府当时的法律严厉禁止诉讼代理人进行辩护活动。所以，孙中山当律师的打算也就无法实现。

最后，孙中山认为，做医生可以济世救人，同时又便于广交朋友。

说起对于医学的兴趣，其实早在檀香山意奥兰尼学校读书的时候，孙中山就萌发过学医的念头。

那时，孙中山在攻读学业的同时，还跟从杜南先生学习中国的语言文化。

有一次，孙中山到杜南的书房去借书，发现书架上有很多医书，感到很奇怪，就问杜南："先生书架上摆这么多医药书籍有什么用？"

杜南引用了宋代名臣范仲淹的一句话展开回答："'不为良相，当为良医。'这就是说，读书人的人生道路有两个：一个是从政,将来做一个好宰相,辅助皇帝治理好国家,兴利除弊,安天下;一个就是学医,悬壶济世,解除黎民的病痛。我也是以此自勉。其实,中国的读书人,一向在诵读儒家经典的同时,也花大量的精力研读医书,久而久之,不少读书人也就成了儒医。”

杜南的这番话给了孙中山很大的启发。

过了几天,孙中山又去拜访杜南,说出了自己对于范仲淹这句名言的体会:“范仲淹的话不全对,不一定等当不上良相才想去当良医。中国的读书人,读书首先是要从政;但是,读书人并不能很快走上仕途,即便通过科举考试而走上了仕途,也未必就能掌握国家政权。如果在殚精竭虑想当良相而不成之后再去当好一个医生,已经为时太晚了。倒不如反过来,先做良医,然后由医人而医国,借医术为入世之媒。”

杜南感觉孙中山的这个看法很有道理,从此对于这个善于思考的年轻人十分欣赏。

前面也提到,孙中山在香港读书时,是中法战争进行之际。香港的中英文报纸广泛报道了前线的战况,尤其是对中国将士的伤亡情况,更给予了特别关注。

报纸对于中国将士伤亡严重而又缺乏必要的救护人员、救护措施的情况十分痛心,呼吁官府与民间社会发扬人道主义精神合力救治伤员。

这些报道在孙中山的心中留下了深刻的印象,他觉得自己有责任去救护他们,他认识到学医也可视为走上战场,为国服务。因此,他决定学医。

于是,1886 年,经由在香港结识的牧师喜嘉理介绍,二十岁的孙中山顺利地进入了广州博济医院附属的南华医学堂。

博济医院是由美国基督教长老会于 1835 年在广州创办的。它是东亚地区第一家西式医院。1855 年开始招生习医。

1886 年孙中山入学时,博济医院的主持人、校长是嘉约翰,开设的课程有内科、外科、妇产科、眼科、药学、化学、生物学等基础课程。学校所使用的教科书,大都是该院自己组织翻译的,有《人体新论》《化学摘要》《内科书》《妇科精蕴》《皮肤新编》《眼科摘要》等。

博济医院男女并招,实行男女同学。这在当时的中国是一个相当勇敢的举动,因为中国的儒家伦理讲究的是男女有别、男女授受不亲;甚至大夫到有身份的人家去给妇女看病,大夫与女病人之间也是不能直接见面的。

博济医院虽然男女并招,但是也不敢走得太远。为了照顾中国男女有别、男女授受不亲的传统习俗,学校又规定男女一起上课时,男女生必须分开来坐,男女生的座位要用幔帐分隔开来。

学校开了妇产科的课程,男生也可以学习这些课程,但是,学校却规定男生不能参加妇产科的实习。

有一天,学校进行妇产科实习,老师只带女生去而不让男生去,孙中山就此向老师提出了异议。老师做不了主,对孙中山说:"不让男生参加妇产科实习,这是学校的规矩,我不能更改。你要是想参加的话,必须经过校长的批准。"

于是,孙中山就去找校长嘉约翰建言:"学生毕业后行医救人,遇有妇产科病症也要诊治。为了使学生获得医学技术,将来能对病者负责,应当改变这种不合理的规定。"

校长嘉约翰是一个思想相当开通的人,他对孙中山解释说:"学校之所以有这样的规定,是因为学校是办在中国境内的,还是要尊重中国儒家的礼法与习俗的。这样我们在广州才能立得住脚。"

孙中山对这一解释不以为然,他对校长说:"我们学医的目的就是要治病救人,病人不分男女,我们都应当诊治,救人是不能分男女的。假如一个男医生遇到了一个女病人,他能够不看病吗?一个男医生遇到妇女生小孩子时,他能够说,自己是男人,男女授受不亲,所以自己不能去服务吗?因此,学校应当对学生与病人负责,应当使学生具备相应的医学素养与技术,以便他们能够更好地为患者服务,不应当过分迁就传统习俗。"

校长觉得孙中山说的有道理,于是就修改了这一不合理的规定。从此以后,男生可以参加妇产科的实习了;另外,男女生在课堂上的那一道幔帐也被撤走了。

在广州博济医院附属的医校学习了一年后,1887年秋天,孙中山转学到了香港西医书院(是一所大学),这年他二十一岁。

香港西医书院,是香港著名人士何启(祖籍广东南海,生于香港,是中国近代著名的早期维新思想家)和几个英国医生在代理香港总督以及当地中英人士的赞助下,按照英国大学医学院制度创办的医科专门学校。它设备优良,各科教师都是受过正规教育与训练的医生和学者,在当时可谓是将香港当地的中英医学人才汇聚一堂。

孙中山不仅刻苦学习书本知识和专业课,还积极参加各项课外活动,注意全面培养自己的能力。孙中山学习成绩好、人缘好,加之年龄较大,所以同学们推选他为班长,老师们也很喜欢他。老师们外出诊病时,常常带孙中山作为助手陪诊,这样无形之中他又得到了比一般同学更多的学习机会。

在众多老师中,康德黎博士尤其器重孙中山,对孙中山的影响最大。康德黎认为孙中山为人诚实、勤奋好学,不论在学习方面还是在日常生活方面,都是其他同学的模范;所以,曾让孙中山直接参与自己的科研项目。

孙中山在檀香山、广州、香港先后四次求学,每次都曾勤工俭学,一直十分注意培养自己的自立能力。

1892年7月23日,孙中山以优异的成绩从香港西医书院毕业。

经过西医书院五年的学习,孙中山不仅系统地接受了近代西医知识,成了一名熟练的外科医生,更重要的是他系统地接受了近代科学的训练。近代科学强调以实地观察与亲自试验作为研究万事万物的基本方法,这对于孙中山一生有着十分重要的影响。

博览群书

为深入了解中国的历史和文化,孙中山在学医之余,曾经专门聘请陈仲尧先生为私人教师,为他讲授经史国学。

为了研读经史,孙中山特别花了一大笔钱,买了全套的"二十四史"。孙中山买这些书,并不是像有些人只是为了摆在书架上炫耀自己的博学,而是真正用来仔细研读的。

当时与孙中山一起学医的同学中就有人觉得,学医的课程这样繁重,哪有工夫去仔细读"二十四史"?况且读"二十四史"与学医也没有什么关系。于是,他认为,孙中山买这么一大套"二十四史"放到书架上,纯粹是故作高深,实际上孙中山可能根本就不曾读过这些书。

孙中山起初并未申辩什么。直到有一天,同学何允文随意拿出一本书问其中某一内容,孙中山对答如流,连试数册,均是如此,同学们大为叹服。

　　说到读书兴趣,孙中山后来曾说,自己"早岁志窥远大,性慕新奇,故所学多博杂不纯"。其中,"性慕新奇",是说他对于一切自己未知的东西,都有着强烈的求知欲望;"志窥远大",是说他有救国救民的远大抱负。所以,凡是与人民幸福有关的知识,他都感兴趣。可以说,救国救民的远大抱负,是他博览群书的强大动力。

　　孙中山读的书很多、很杂。除了阅读医学专业方面的书籍外,凡是有关国利民福的知识,孙中山都努力钻研。有一件事可以说明孙中山读书兴趣之广,以及他的学习之精深——1892年初,孙中山亲自设计并督造了新居。

　　大哥孙眉从檀香山汇款回国,要家里将他在1885年修建的屋子扩充翻修一下。于是,孙中山亲自绘制了设计图样,房子的设计融合了中西建筑特色,设计不仅精美,而且十分合理,住在里面冬暖夏凉,用起来也十分方便。可见,学医的孙中山对建筑学的造诣也是很精深的。

　　可以说,在西医书院读书时期,孙中山自觉而有系统地阅读了大量中国古代典籍,以及西方近代的政治经济著作。他徜徉在书本中,努力探求拯救中国之道。

　　孙中山喜好读书,也喜欢买书,这在同学之中是享有盛名的。他当学生的时候,经济上主要靠大哥孙眉资助,有时钱花光了,大哥的钱还没有寄到,他便赊账买书,等大哥的汇款寄来之后,先还清欠账,又到书店去买书;过了一段时间之后,钱

又花光了,又去赊账买书,然后再还。孙中山后来曾说:

> 我几十年来,因为革命,居无定所,每年所买的书籍,读完之后便送给朋友了,至于买过的书籍之种类和数目,记不清楚。大概在我革命失败的时候,每年所费的书籍费,至少有四五千元;若在革命很忙的时候,所花的书籍费便不太多,大概只有两三千元。

结交有识之士

孙中山在大学学医期间,学习刻苦,成绩优良,但是他并不只是一个埋头读书、两耳不闻窗外事的书呆子。他是一个有着浓厚政治兴趣、伟大政治抱负的人。

孙中山从广州博济医院转入香港西医书院,一个重要的原因是,相较于广州,香港更为自由,政治环境也比较宽松。到了香港西医书院之后,孙中山充分利用香港相对自由的条件,继续高谈革命,宣传必须对中国进行改革的道理。

在鼓吹革命的同时,孙中山也十分注意结交志同道合的朋友。当时,在孙中山身边,能够理解他革命言论的人并不太

多。一些人认为孙中山的革命言论简直就是大逆不道,让内地官府知道了是要杀头的,甚至要株连九族;另外有一些人则把孙中山看成是一个疯疯癫癫的疯子,对他的革命言论付之一笑,觉得不必当真。只有郑士良、陆皓东两个例外。

郑士良,广东惠阳人,从小就有大志,曾跟随乡中父老学习武术,与附近的绿林豪杰以及三合会有交往,并加入了三合会。后来他由惠阳到广州求学,开始时是在德国教会所设的礼贤学校求学,并且在那里入了基督教。

1886年,也就是在孙中山进入博济医院求学的那一年,郑士良也进入该医院求学。其他人对孙中山喜欢高谈阔论、畅论国事往往一笑置之,而郑士良则对孙中山十分尊敬,热心倾听他的言论,对他的言论颇为赞同。可是,郑士良从来都是守口如瓶,不公开发表自己的政治意见。孙中山认为他是一个奇人,大为喜欢。

相处日久,郑士良、孙中山的关系日益密切,彼此之间的了解也越来越深,郑士良告诉孙中山,他参加了三合会,在社会中有着广泛的关系,将来孙中山有事要用得上他的时候,他可以动员三合会众人听从孙中山的指挥。

后来,孙中山于1887年转学到香港西医书院,郑士良则在1888年辍学回老家开了一所西医房,但是他们两人并没有中断联系。

郑士良经常到香港中环的杨耀记商店(中央书院坐落于

这条街道)与孙中山会面,他十分赞成孙中山的政治主张,并告诉孙中山,他现在一面行医,一面联络会党,以为将来的革命斗争准备力量。

陆皓东,前面已经提到了,他是孙中山的同村好友,两人自小就很要好。1883年孙中山在翠亨村破坏神像的事,就是和陆皓东一起干的。

当孙中山在香港学医时,陆皓东在上海电报局任报务员,但每次由上海回广东途经香港时,常常下榻杨耀记商店,与孙中山等人会面,畅谈革命——"谈倾覆清廷事,情义甚洽"。

杨耀记商店的店主人叫杨鹤龄,和孙中山、陆皓东自幼相识。孙中山在香港时常去看他。

有一次孙中山去看杨鹤龄,路上恰巧又碰见了在广州学医时的朋友尤列,两人十分高兴。原来尤列也从广州来到了香港,现在是香港华民政务司署的书记。当天,他们三人谈了个尽欢而散。第二天,孙中山请尤列到威灵顿街杏宴楼西菜馆吃饭,两人又密谈许久,约定相互支持,反抗清廷。此后,他们就常常来往于香港、澳门和广州之间,宣传革命。

尤列,广东顺德人。他的祖父与父亲都是学者,是当地有影响的知识分子。在与孙中山结识以前,尤列已经是一个见多识广的爱国青年了。

尤列性格放荡不羁,好流浪。1882年,他十七岁,初游上海,再东渡日本,游历了长崎、神户等地。第二年,又游历了杭

州、嘉兴、湖州、苏州、常州、镇江等地。

1883年2月,尤列北上燕京。第二年,他又从北方南下,由苏州、常州沿江而上到汉口,然后又入洞庭湖,沿湘江到长沙、衡阳,再转道到桂林等地。

由于早年师从名儒学习,接受了民族主义思想,又游历大江南北以及日本等地,对于当时中国所面临的危机以及清王朝的腐败,尤列有相当的了解,因此他"慨然有匡复之志"。

1885年冬天,尤列入广州算学馆,留馆三年,与杨鹤龄同学。

尤列曾任过广东沙田局丈算总目、广东舆图局测绘生,以及中法越南定界委员。在中法越南定界委员任上,尤列对于时局和政界颇有感触,他不想再干了,毅然辞职。

此时,正值香港华民政务司署招考书记,尤列参加了考试,被录用。于是,他又来到香港。尤列到香港之后,与孙中山的交往日益密切。

1891年,孙中山少年时代的同学罗玉文在香港寿尔康酒店举行婚礼,孙中山与尤列等同为贺客。

尤列性喜诙谐,又好品评人物,在酒席之上公然说:"你们大家都没有见过洪秀全吧!"

随即指着孙中山说:"孙逸仙长得很像洪天王,将来该有洪秀全那样的事业!"

孙中山当即指着尤列说:"那你是游智开。"当时游智开为广东巡抚。因为"游"与"尤"同音,这一说弄得满座欢笑。

孙中山经常在朋友中以洪秀全第二自居,尤列在公开场合说孙中山长得像洪秀全,应该有洪秀全那样的事业,这其实只是朋友间说笑的话。但是,这种话公开说出来也是可怕的,毕竟那时民智未开。第二天,孙中山邀请尤列到一家西餐馆小叙。孙中山说:"昨日你在酒席上所说的话,那只能在几个要好的朋友之间说,最好不要在公开场合说。我们要推翻清政府的计划,现在还要请你暂时保守秘密,不可随意对外人说。我以前在檀香山教人造反,因民智尚未开通,无从着手。现在我在香港鼓吹革命,幸而遇到了你这样的同志,此后如何进行革命,我们之间还是要商量,多交流,要共同奋斗。来,为了我们共同的事业干杯!"

尤列闻听此言,就说:"既然如此,我只希望事业能成功,至于谁居其功,不必计较。"

孙中山还有一个好朋友,叫陈少白,广东新会人,比孙中山小四岁。

1888年,陈少白考入美国传教士创办的广州格致书院。在这里,陈少白得到了区凤墀的赏识。区凤墀是广州传教士,最喜欢奖励新青年;他曾经是孙中山的国学老师,对孙中山也赏识有加。

1889年,陈少白有事要去香港,区凤墀对他说:"你到香港去,我可以介绍给你一个人,这个人恐怕和你见解很相合的。"随后，区凤墀写了一封介绍信。到了香港以后，陈少白就带着介绍信去找孙中山。第一次见面，孙中山和陈少白谈得十分融洽。陈少白这样记述这次会面：

> 孙先生见了那封介绍信，就很高兴地同我谈了起来。
>
> 大约经过十分钟，就跟孙先生到了一个植物园，选择了一个很静的地方，两个人坐下，谈谈时局，觉得很情投意合。谈到革命的事，也是很投机。
>
> 最后，他就问我："这次到香港要耽搁多少天？"
>
> 我说："只有一天，马上要走的。"
>
> 他就说："无论如何要想办法经常谈谈。"

不久，陈少白到香港半工半读，他时常到西医书院去与孙中山谈天。

孙中山常劝陈少白学医，说医学是很有用的，但是，陈少白认为自己不适合学医。为了使陈少白能留下来，孙中山还悄悄地略施小计，帮他转入了西医书院。对此，陈少白自述说：

> 有一天，我照常在他那里谈天，他忽然说："请你坐坐，教授来了，我要听讲去，散课后，再回来和你谈天。"
>
> 隔了一会儿，他匆匆地跑回来对我说："康德黎博士请你见面。"康德黎博士当时是医学校的教务长。

我说："不认识他。"

他说："有事情才请你去。"

我说："人既不认识，哪里会有什么事情呢？"他不待我说完，就抓了我的衣袖拉到教务长室内，见康德黎博士。

当时康德黎博士见了我，说："我们是很欢迎你的。"其实他所说的欢迎，是因为方才孙先生说我要到这里来读书。

那时，我又蒙在鼓里，听了康德黎博士的话，无从致答，只说"Yes, thank you"而已。

后来我们就退出来，我责备他不应该强做主张。孙先生说："好了，你进来念书，大家可以多谈了。"

我没有办法，就答应了下来。其时，我所读的一班，比孙先生差两年。

孙中山、杨鹤龄、尤列、陈少白四人，由于同住香港，又志同道合，彼此来往甚密。杨鹤龄还在店里特意腾出一个房间，作为他们聚会的地方。

他们所谈的都是革命言论，所怀的都是革命思想，所研究的都是革命问题。他们倡言革命，提出了"勿敬朝廷"的口号。他们被尚未觉醒的人们视为大逆不道，有的则把他们看成"中风疯狂"，不敢同他们接近，甚至称他们为"四大寇"。

不过，这时的"四大寇"，还只是高谈革命的"四大寇"，并不是从事真正革命斗争的"四大寇"。孙中山自己也说，这一时期是他"革命言论之时代"。他们的革命言论，主要限于攻击清政府的腐败无能，不能使中国强盛，致受外人欺侮；至于将来怎么办，中国的前途到底是怎样的，应建立一个什么样的国家，他们并没有系统的认识。

孙中山在西医书院读书时，认识的另外一个朋友是杨衢云。他是福建海澄人，出生在一个有民族意识的知识分子家庭。大约在1891年，他和孙中山相识。他也常常到杨鹤龄家的杨耀记商店去，和孙中山他们一起谈论革命。

孙中山和他的这些朋友，虽然出身、经历不尽相同，但是他们都接受过一定的近代西方教育，都具有强烈的爱国思想、反清的民族主义思想。他们在一起高谈反清革命，相互鼓励，相互促进。

第三章

为革命事业而奋斗

悬壶济世

1892 年 7 月，孙中山从香港西医书院毕业，获得了该校第一批毕业执照。他的毕业考试成绩，名列全年级第一名。

在毕业典礼上，教务长康德黎授予孙中山医学硕士学位，并向他颁发了西医书院的毕业执照。上面写道：

> 香港西医书院掌院，并讲考各员等，为给执照事：照得孙逸仙在本院肄业五年，医学各门，屡经考验，于内外妇婴诸科俱皆通晓，确堪行世。奉医学局赏给香港西医书院考准权宜行医。

不过，孙中山虽然有了毕业执照，却没有资格在香港行医。这是因为，香港西医书院那时刚办了几年，办学还不是十分正规——由于办学条件有限，学校的课程虽然尽力模仿英国标准，但也没有完全按照英国标准进行安排。

为了安排好首届毕业生的工作，校方也积极努力。在校方的努力下，港督罗便臣爵士写信给英国驻华公使，托他向当时任北洋大臣的李鸿章推荐孙中山、江英华，说他们学识优

良、能吃苦耐劳,请予任用。

1881 年,李鸿章在天津创办了一家培养西医人才的医学馆,正需要各种人才;李鸿章本人又是西医书院的名誉赞助人,而且对西医的印象也不错。所以,李鸿章很快就写信给罗便臣,让孙中山、江英华到北京去等待任用,每人每月暂时发给五十元的薪水,并说要给两人"钦命五品军牌"的头衔。

孙中山当时觉得这也是一个不错的机会,可以借此到北京活动,所以答应了。

不久,孙中山、江英华在老师康德黎教授的陪同下前往广州,到两广总督衙门领取"钦命五品军牌"的证件,然后进京。

他们在两广总督衙门遭到了刁难,办事人员说他们必须填写家庭三代人的履历,考察合格后才能给他们发牌。孙中山十分气愤,一怒之下由广州返回了香港。

孙中山既不能在香港行医,北上的希望也落空了。而且,在当时,西医在内地还没有得到人们的信赖,中国普通百姓信赖的还是中医。孙中山如果到内地行医,一时是打不开局面的。

幸好,这时候,澳门士绅何穗田等人邀请孙中山去澳门行医,而澳门的镜湖医院也愿意为孙中山的行医提供便利条件。于是,1892 年秋天,孙中山来到澳门镜湖医院挂牌行医了。

镜湖医院是澳门的华人绅商于 1871 年集资创办的,是澳门最大的一家慈善医院。医院专门用中医中药为当地贫民提供免费治疗。

由于孙中山学的是西医，因此到了镜湖医院之后，他就向医院主事提出，医院除了用中医中药之外，还应兼用西医西药。

为了使贫苦病者也能廉价地用上西医西药，孙中山到镜湖医院就任不久，就努力争得院方的支持，借银一千四百四十两，租下草堆街84号办起了"中西药局"。这是一幢简陋的木结构两层楼房，楼下的铺面做药局，楼上是寓所。那时，他使用的名字是孙逸仙。

孙中山不但医术精明，擅长外科、治疗肺病，而且服务态度认真，待人亲切。慕名前往求诊的病人非常多。遇上大的手术，康德黎老师还亲自从香港来澳门指导。

当时有一则报道称，孙中山的医术，"无论内外奇难杂症，莫不妙手回春，奏效神速，且非以此谋利者"。

然而，好景不长。孙中山在澳门行医仅一年左右的时间，就被排挤出了澳门。原因是孙中山医术高明、医德高尚，声誉很高，影响了在当地行医的葡萄牙医生的业务，遭到了他们的嫉妒与排挤。他们借口孙中山没有葡萄牙的医学学位，就怂恿葡萄牙当局禁止孙中山营业。不久，葡萄牙当局就禁止所有的药房给孙中山的处方配药。

眼看着这里已经难以立足，只有另找新的出路了。不过，在这段短暂的时间里，孙中山也有自己的收获，其中之一就是

他的真诚、敬业的品质,赢得了一家姓佛兰德斯的葡萄牙人的爱戴。在孙中山离开时,佛兰德斯小姐还赠送给他一些瓷器。后来,在1895年10月26日广州起义失败后,孙中山还到佛兰德斯家中避过难。

1893年春,在托葡萄牙籍友人向澳门葡萄牙当局申领行医牌照而被拒绝后,孙中山被迫移居广州,在双门底的基督教会圣教书楼内开设医务分所,并且在西关的冼基创设了东西药局,在香山石歧镇开设东西药局支店。由于孙中山把医和药结合起来经营,他的事业一开始就取得了成功。

孙中山医德好,行医态度认真,待人亲切,不怕麻烦,有求必应。对生活困难的患者,不仅免收诊金,还赠送药品。许多病人经过他细心诊治,都恢复了健康。他还两次挽救了垂死病人的生命。

有一次,孙中山回到翠亨村,村里程普照的妻子难产,他们请来接生婆,几个小时也没有生出来,母亲和胎儿都在死亡线上挣扎。孙中山听到消息后,立即背上药箱赶往程家。

农村很封建,从来没有男人给女人接过生,何况孙中山还是青年!孙中山毫不顾忌这些,他用接生钳把胎儿夹了出来,母亲和她的孩子转危为安。

人们不禁伸出大拇指,称赞孙中山是个"大国手"。为了感谢他,程普照给孩子取名铁生,寓意他是用铁钳取出来的。

这样,不到三个月,孙中山的医名就不胫而走,以至于来看病的人把门槛都几乎踩断了。

　　当初，孙中山在澳门开的中西药局，就是一个时常有人来聚谈时政的场所；到了广东之后，借着医生职务之便，他出入衙署一无阻碍，也结交了各种各样的人，为日后从事革命运动打下广泛的基础。

上书李鸿章失败

　　孙中山虽然成了名医，收入可观，但是他关注的不是自己收入的多少、生活的好坏、社会地位的高低，他是一个具有远大抱负的人。

　　1890年，当孙中山还在香港西医书院读书的时候，他就给香山县退职的洋务派官员郑藻如写信，主张效法西方国家进行改良。信中提出三点具体意见：第一，兴农会，以倡导改革农桑业；第二，立会设局，以禁鸦片；第三，兴学会设学校，以普及教育，建议在香山县试点，然后逐步在全国推广。

　　第二年，孙中山又写成《农功》一文，再次呼吁改进农业，特别是蚕丝业。但是，他提出的有关国计民生的大事，却无人重视。不过，一再的挫折，并未使他望而却步。民族的前途、国家的命运、人民的幸福，始终是他最关注的。

随后,在澳门、广州行医的过程中,孙中山广泛接触社会,接触了许多官僚、富商、巨绅,还接近了官场,使他更加了解了清朝政治的腐败。

孙中山越来越清楚地认识到:自己的医术虽然高明,但是所能救助的人毕竟有限,不可能救助所有的贫苦民众,更不能解决国家贫弱的问题。要解决国家贫弱的问题,必须从改革中国的政治入手。"医术救人,所济有限","医国"比"医人"更重要。

孙中山在行医的过程中,十分注意结交朋友,寻求革命同志。孙中山与这些新朋旧友们,经常聚集在广州圣教书楼后的礼拜堂和广雅书局南园的抗风轩(在今广州文德路中山图书馆南馆内),谈论时事和政治,谋求救国的办法。

1893年冬,孙中山邀集新老朋友八人,聚会于抗风轩,酝酿成立革命团体,以"驱除鞑虏,恢复中华"为宗旨,取名"兴中会",但是,没有展开具体的组织活动,并无实际结果。

尽管抗风轩的聚会、议盟没有实际结果,但是,它表明孙中山的民族革命思想已趋于成熟。孙中山已进入结集同志、团聚力量、组织革命团体以促进和领导革命的新阶段,为后来兴中会的建立、发动广州起义做了思想上和组织上的准备。

组织团体的事情作罢后,孙中山决定采取另一个"医国"的重大行动。

1894年初的一天,在香港的陈少白突然接到孙中山药房的信,上面说:"孙先生失踪了,药房中开销很难,收入不敷,只剩十几块钱了。"接到信后,陈少白赶忙来到广州,替孙中山维持店务。

十六天后,孙中山才露面。原来,孙中山在农历春节前就回到翠亨村老家闭门拒客,埋头十多天,写出了万言书《上李鸿章书》。其中提出:

> 西方国家之所以富强,并不在于他们的"船坚炮利,垒固兵强",而在于他们能够做到"人能尽其才,地能尽其利,物能尽其用,货能畅其流",这四方面才是"富强之大经,治国之大本"。中国要想实现富强,就必须立即着手从这四方面做起;否则,仅仅像洋务派那样,片面追求西方的船坚炮利,那只能是"舍本而图末",不可能有好的结果。

总之,孙中山希望上层统治集团实行一些资本主义的改良措施,以改变中国贫穷落后的面貌。

在孙中山上书的时候,李鸿章官居直隶总督,兼北洋通商大臣,集军、政、外交大权于一身,是清朝统治集团中的实权派人物。孙中山从少年时代起就存在反满复汉思想,他常把清王朝看成是异族人的朝廷,主张恢复汉族人的朝廷。在这种思想指导下,他希望能在汉族高官中寻找改革推动者,而李鸿

章就成了再合适不过的人选。

在起草《上李鸿章书》的前后,孙中山还曾想去拜访康有为。

康有为是中国近代著名的思想家,是后来 1898 年戊戌维新运动的领导人。他早年受业于名儒朱次琦,博通经史。

1879 年、1882 年,康有为先后游历香港、上海,目睹了来自西方的近代资本主义文明,大受触动,认为西方人治国有法度,不能把他们看作是古代的夷狄,于是开始阅读有关介绍西方社会政治制度、自然科学的中文书籍。

1888 年 10 月,康有为感到 1883—1885 年中法战争后民族危机的加深,上书朝廷,痛陈民族危机的严重,提出了"变成法,通下情,慎左右"的主张。因为顽固派的阻挠,上书没能呈到皇帝那里,却在爱国人士中传诵开来。

1893 年秋,孙中山由澳门到广州行医,与康有为同处一城,尤其是康有为将万木草堂迁到府学宫之后,与孙中山挂牌行医的双门底不远。

自从上书清廷之后,康有为在全国关心时事的爱国知识分子中已经是一个著名的人物了,而在广州聚徒讲学又使他成为广州城里的著名人物。

那时的康有为正在研究维新变法的理论。孙中山去拜访康有为,大概就是想就上书李鸿章的事,向康有为请教一些问题。

但是,孙中山并没有见到康有为。关于此事有两种说法。一种说法是,孙中山先托人向康有为转达结交的意愿。康有为表示,孙中山要结交可以,但要先具门生帖子前来拜师才可。孙中山认为康有为妄自尊大,因此就没有去拜访。

另一种说法是,孙中山和陈少白专程到府学宫的万木草堂去拜访康有为,不巧的是,万木草堂那时已经放假,所以没有见到康有为。

对于这次上书之举,孙中山可谓全力以赴,也寄予了很大希望。为了送到李鸿章之手,他动用了所能用上的全部关系。

孙中山先找到已经退休的澳门海防的魏恒,魏恒非常赏识孙中山的学识和医道,欣然致书给自己的朋友——著名实业家盛宣怀的堂弟盛宙怀。

盛宙怀是李鸿章手下的一员洋务大将,控制不少大的洋务企业,在李鸿章面前是能说得上话的人物。如果能打通他的关系,要拜访李鸿章并非难事。

由于有了魏恒给盛宙怀的这封推荐信,1894 年 3 月,孙中山由陆皓东陪同,离开广东到达上海,如愿见到了盛宙怀。其后,又找到《盛世危言》的编者——著名改良派人物郑观应。

在上海停留期间,孙中山在郑观应家里见到了中国近代史上另一位著名人物王韬。时任上海格致书院院长的王韬,与孙中山一见如故,他不仅亲自帮助修改了孙中山的那篇长文章,而且提议说,自己有个朋友叫罗丰禄,是李鸿章的幕僚,可以通过罗丰禄见到李鸿章。

1894 年 6 月,孙中山与陆皓东由上海抵达天津,寄住在法租界佛满楼客栈。孙中山手持盛宣怀、郑观应、王韬三位的介绍信,拜访直隶总督幕僚罗丰禄、徐秋畦等,表达想上书之意,罗、徐两人也表示愿意协助,他们向李鸿章做了汇报,并将"上书"一同呈上。

但是,李鸿章以"军务匆忙"为由,只留下一句话:"打仗完了以后再见吧。"后来,接见孙中山的事也就不了了之了。孙中山上书李鸿章,宣告失败。

在上书李鸿章失败后,孙中山、陆皓东离开北京,去了武汉,然后又到了上海。

1894 年 7 月 25 日,中日甲午战争爆发。值此之时,慈禧太后为了给自己过六十大寿,挪用了大量军费,致使军需得不到有效补给,并且奉行不抵抗政策,导致中国惨败。

无情的现实使孙中山清醒过来,认识到"和平方法,已不可再用,不得不改换成强迫的手段"。

成立"兴中会"

1894 年 10 月,孙中山怀着远大的革命抱负,从上海经日本赴檀香山,去联络华侨,宣传革命。这次距他上次离开檀香山,已经有十年时间。此时,当地也发生了很大变化。夏威夷于 1893 年发生变故,君主制已变成了共和制。

孙中山在当地发动华侨捐助革命,但应者寥寥无几。于是,孙中山去找大哥商量。他知道大哥在檀香山的华侨中很有影响,如果能得到大哥的支持,大事或许可成。

孙中山怀着忐忑不安的心情去见大哥。他向大哥敞开胸怀,披露了自己救国救民的雄心壮志。

望着眼前这个不安分的弟弟,孙眉心潮起伏。按照他的本意,他是不愿意让弟弟走这条造反的路,但如今弟弟长大了,独立了,要干一番事业,他当哥哥的不能不支持。

此前推翻夏威夷专制统治的那场革命,多多少少让孙眉受到了影响。何况救国救民是个崇高的事业!孙眉说不出反对的话。孙眉心里翻腾着,一直没有讲话,最后才说:"好,这次我支持你。我卖一千头牛给你做军费。"

孙中山听到后高兴极了,也感动极了,他虽然知道哥哥最终会支持他,但没有想到会支持到这种程度。

经过艰苦的努力,孙中山终于得到了一些人的支持。一个月以后,1894 年 11 月 24 日,在卑涉银行(Bishop Bank)经理何宽家里召开了会议,出席会议的有何宽、李昌、刘祥、钟宇、郑金、黄亮、宋居仁等二十余人。孙中山为会议主席,提议建立一个以反清为目的的组织,定名为"兴中会"。

会上通过了孙中山起草的《兴中会章程》,与会人员还填写了入会盟书,进行了秘密宣誓。誓词是:

驱除鞑虏,恢复中华,创立合众政府。

孙中山在章程中写道:现在列强包围着我们,他们像老虎和鹰一样盯着我们国家,早就垂涎于我国的丰富物产,争先恐后地对我们进行蚕食鲸吞。我们国家被瓜分的危险实在令人忧虑。有心人不禁大声疾呼:快拯救生活在水火中的人民,紧急扶持处在危亡中的祖国!形势这样的险恶和急迫,清朝统治者却是那样昏庸腐朽:在上面的因循苟活,粉饰欺骗;在下面的蒙昧无知,很少能够有长远考虑,以致造成了国家受侮辱,打败仗。一帮昏庸的家伙贻误国家、坑害百姓,使中国一蹶不振到了极点。

这些痛心疾首的话,表明孙中山对祖国的命运是多么焦虑。

兴中会的成立和其纲领的制定,标志着孙中山领导的中国资产阶级民主革命的开始。

会上还选出了檀香山兴中会的正副主席、正副文案、管库和值理。孙眉也当选为茄荷蕾埠兴中会分会的主席。

檀香山兴中会成立之后,孙中山原来打算到美国去进一步发展组织,筹集起义经费。但是,那时清军在中日战争中连连失败,旅顺、威海两大军事要塞接连失陷,北京、天津已经岌岌可危。战争的失败一方面使清政府忙于应付日军的进逼,无暇他顾;另一方面,也完全暴露清政府的腐败无能,国内民心激愤。在上海的宋耀如认为,这是反清起义千载难逢的好机会,因此就写信给在檀香山的孙中山,要他赶快回国发动起义。

宋耀如,是海南文昌人。1894 年春,孙中山、陆皓东上书李鸿章时,在上海结识了宋耀如,他完全支持孙中山的革命事业,成为孙中山革命事业的热心支持者。

接到宋耀如的信后,孙中山当即放弃去美国大陆的计划,带上邓荫南、宋居仁等,由檀香山乘船直赴香港,准备组织起义。

1895 年 1 月 26 日,孙中山到达香港,随即召集陈少白、陆皓东、郑士良等人,着手筹备组织兴中会香港总会。经过一系列的工作,筹备工作取得了成效。

2 月 21 日,孙中山他们在香港中环的士丹顿街 13 号召开成立大会,将兴中会香港总会的总机关设在士丹顿街13号。为了避开香港警探的耳目,他们在总机关门口挂一块"乾亨行"的招牌,它看上去似乎是一家商行的招牌。

第一次武装起义——广州起义

1895年3月13日,兴中会开会讨论在广州发动起义的计划。会议决定由孙中山驻广州专门负责军事指挥,由陆皓东、邓荫南、郑士良、陈少白等协助;杨衢云驻香港专门负责后方接应以及财政方面的事务,由黄咏商、谢缵泰等协助。

3月16日,兴中会又在香港总部机关"乾亨行"召开重要干部会议,进一步讨论起义计划。陆皓东提议以青天白日旗作为起义军的旗帜,会议通过了这一提议。会议提出,准备精选三千人攻占广州,同时决定由孙中山的老师、香港的著名人物何启负责起草起义宣言等有关文件。

起义的决定做出之后,孙中山就按计划于3月下旬偕陆皓东、邓荫南、郑士良、陈少白等几位助手到广州,设立兴中会分会,联络广东的会党、绿林、游勇、防营、水师等,为起义做准备。

孙中山在广州城里租下双门底王家祠堂内的云岗别墅,

作为兴中会在广州的总机关,孙中山自己常驻云岗别墅指挥起义。为了掩人耳目,孙中山在别墅的门上挂上"农学会"的牌子。

由于孙中山以前在广州行医时结下了广泛的社会关系,所以他此番出面组织"农学会"很快就得到了广东官绅潘宝璜、潘宝琳、刘学询等数十人的署名赞助,谁也没有怀疑这个"农学会"会有什么危险性质。

孙中山以农学会做掩护,先后吸收了左斗山、魏友琴、程奎光、程璧光、程耀宸、陈廷威、王质甫、朱淇、朱浩等数百人加入兴中会。此外,孙中山又设立了多处分机关,作为会议、接待、联络、储藏物资的地方。

孙中山带着郑士良等人,在广州一带活动了几个月,成绩很大,除联络了西江、北江、东江、顺德、香山等处的团防、绿林之外,所有广州的海军、城内的绿营军,也大半联络就绪。他还在广州准备了许多专门贮藏军火的仓库,又派他从檀香山带来的化学技师负责制造炸弹事宜。

与此同时,孙中山也一直没有放弃起义的外部支持。负责香港方面事务的杨衢云也在积极活动:一是筹措起义经费,由杨衢云介绍加入兴中会的香港商人余育之赞助了一万多元的经费;二是购买武器,截止到起义前夕总共买到了六百多支枪;三是招募武装人员。

一切准备工作大体就绪后,8月29日,兴中会在香港杏花

楼酒店召开干部会议。参加会议的有孙中山、杨衢云、陈少白、何启、谢缵泰等人。会议讨论了起义发动后组织的临时政府政策，决定由何启作为临时政府发言人。这一天的会议也详细讨论了攻取广州的军事计划。

不料，情况突然发生变化。10月10日，兴中会在香港召开了起义之前的最后一次干部会议。会上，就将来起义之后成立的革命政府首脑——大总统——的问题，发生了严重的争执。

本来这次会议之前不久，兴中会香港总会曾经开过一个会，会议一致推举孙中山为总统。会后，孙中山决定亲赴广州直接指挥起义，将在香港的所有财政、军事事务都交给杨衢云处理。

不料，事隔一日，杨衢云突然提出，为了他在香港工作的方便，要求孙中山将总统一职让给他；等孙中山广州起义成功之后，他会将这一职位奉还。

孙中山听了这番话之后，觉得起义还没有开始，同志间就已经开始了权位之争，心里很难受。因此，他召集郑士良、陈少白开了一个小范围的会议，向他们说明了情况。最后，孙中山以大局为重，让出了总统职位给杨衢云，会议通过了这一提议。

10月25日（农历九月初八）晚上，各地起义军首领、军队首领都集合到起义总机关等候命令。

但是,就在这起义即将发动的时候,孙中山、陆皓东发现情况有点不妙。第二天是重阳节,早饭后,平静的、祥和的气氛突然蒙上了躁动不安的阴影。街上响起一阵阵螺号声、马蹄声,清兵冲上街头,三步一岗,五步一哨,如临大敌。

孙中山、陆皓东敏感地觉察到,一定是有人告密,起义走漏了风声。他们分析得不错,起义计划已经遭到告发。告发之人,正是起义领导人之一朱淇的哥哥朱湘。

朱湘是位举人,任广州西关清平局书记。朱淇是兴中会骨干,为广州起义起草讨满檄文、安民布告,在起义前两天碰巧被哥哥朱湘看到。朱湘唯恐受到牵连,就假借朱淇名义向省缉捕统带李家焯告密。

李家焯得报后,一面派人监视孙中山,一面向两广总督谭钟麟报告。不过,谭钟麟并不相信著名医生孙中山会造反。鉴于孙中山是位名医,又是基督徒,李家焯一时也不敢轻举妄动。

起初谭钟麟不怎么在意,但想了想,还是不敢大意。于是,他下了一个内紧外松的命令。

后来,谭钟麟获得了兴中会要发动起义的准确情报,加强了戒备。10月25日,他就派人监视孙中山;次日,他又赶忙调部队加强防卫,并派人大肆搜捕革命党人。

各路起义军的头领集中于总机关,讨取命令、口号,同时各路起义军也密切注视着港口的动静,等待香港方面人员与

枪械的到来，可是左等右等，就是不见人来。

最后等到的是杨衢云的电报，电报说，香港方面的人马与军械要推迟两天，也就是10月28日才能抵达广州。

按计划，起义军主要的军械由香港方面负责运来，所以香港方面的延误直接影响了起义的发动。

另一路主要武装，汕头方面的起义军，也没有抵达指定地点。在主力未到、军械未到的情况下，孙中山认为，大批人马集中，不能按期起义，事情必定会泄露，因此当即决定将人马遣散，令他们回原地待命。

10月27日，广州城里的气氛更紧张了。大队清兵忽然被调进了城，搜查了王家祠堂的云岗别墅、咸虾栏的张公馆，搜出不少军械、旗帜和军服，抓走了陆皓东等人。

陆皓东原本也可以逃脱搜捕，但他担心双门底机关的兴中会名册被搜去，将会使许多会员受难，于是不顾其他人劝阻冒险前往。在把兴中会名册烧掉后，陆皓东不幸被捕入狱。

孙中山做出起义延期的决定以后，立即给杨衢云打电报，叫他停止进行。可是，当杨衢云接到电报的时候，人和武器都已经下船，既成事实，无法更改。

当"保安号"船开抵省河时，清兵已在码头守候搜查。邱四、朱贵全等四十多人被捕，后来的人因伪装及时才躲过了抓捕。

11月7日，陆皓东、邱四、朱贵全等人在经受了敌人的严刑拷打之后，被杀害。程奎光受六百军棍的酷刑，伤重而逝；程耀宸也病死在狱中。

他们成了中国资产阶级民主革命的第一批烈士。后来，孙中山在自传里称陆皓东为"中国有史以来为共和革命而牺牲者之第一人"。

广州起义虽然失败了，但是其意义不可低估。这次起义是孙中山领导的第一次武装起义。孙中山从此成为一位职业革命家。

流亡日本、美国、英国

广州起义流产后，孙中山受到了清政府的通缉。广州当局在全城发布了通缉令，悬赏捕拿孙中山等人，并且在各重要路段、码头都派人监视，要捉拿造反的主犯。

孙中山临危不惧，在遣散起义军、销毁文件、安排好起义的善后事务之后，化装成苦力，从容地经由闹市区到达码头，然后乘船经过顺德到了香山的唐家湾。之后，他又乘轿子到了澳门。在澳门待了一天后，他男扮女装，在朋友飞南第的陪同下，于1895年10月29日搭船到了香港。

但是，香港当局宣布，五年内不准孙中山入境。于是，在

香港待了几天之后，孙中山就被迫离开香港。

11月2日，孙中山带着陈少白、郑士良由香港出发前往日本。从此，前后一共十六年，孙中山一直流亡海外，为革命奔走。

一到日本，他们就看到有关广州起义的新闻报道。虽然他们不懂日文，但从报纸用的汉字，他们也多少能猜出一些意思。有一条消息宣布"中国革命领袖孙逸仙到了日本"。

"革命"一词，日文的发音是 kakumē，用中文拼读就是"革命"。这两个字的本义，在中文里是"变革天命"，具体内容指改朝换代，通俗的理解就是反对者取皇帝而代之。

在这之前，孙中山没有采用"革命"这个词，而用了"造反""起义""光复"一类说法。现在，他敏锐地发觉，这个传统的中国术语包含了现代的意义，又具有古老的权威性。他想起"汤武革命，顺乎天而应乎人"的话，觉得很合自己的想法，便决定，"今后，我们就称革命党"。

他们三人继续前进，不久就到了有众多广东人居住的横滨。凭孙中山过去的关系，他们在这里安顿下来，并结识了华侨冯镜如、冯紫珊兄弟，成立了由冯镜如担任会长的兴中会横滨分会。在横滨，孙中山剪掉了发辫，脱去了长袍马褂，以表示与清朝彻底决裂。

横滨的华侨里面，不少人有反满情绪，对孙中山他们很佩服。但是，广州起义失败带来了不利影响。侨胞除了对自身和亲友安危的担心外,对革命前途也疑虑重重,而且对真正的造反者也有一点恐惧。因此,对孙中山的革命活动,他们的反应是冷淡、消极的。

孙中山分析这种形势,觉得想在这里迅速发展革命组织希望不大,他决定转向人数较多、比较富裕的夏威夷和美国大陆的华侨社会。

孙中山到达日本没几天,中日两国复交,清政府驻日公使即将到任。

外面风传日本政府可能按照清政府的要求引渡革命党人。孙中山难以在日本待下去,原计划与陈少白一起去美国大陆,但当时美国方面已下禁令,不准华人入境,所以不宜冒险前去。

11 月 20 日,孙中山离开横滨前往檀香山。

这时,孙中山的父亲早已去世,母亲杨氏、妻子卢慕贞、儿子孙科、女儿孙娫已经离开翠亨村来到檀香山,和孙眉住在一起。孙中山来到檀香山,十分难得地与家人团聚了。

孙中山对一家人心怀歉意,他向哥哥报告了广州起义失败的经过,孙眉鼓励他说:"这不算一回事,还应继续干下去。"这使孙中山内心沉重之余又感到了一些慰藉。

孙眉又拿出一部分钱给弟弟,让他做革命活动的经费。

接下来,孙中山在檀香山进行了一段时间的革命活动,也曾试图组织檀香山的华侨青年进行军训。但是,由于那时正值广州起义失败之后不久,华侨对于参加革命心有余悸。并且,清政府驻檀香山的领事当时已经奉朝廷之命,着手调查在檀香山的兴中会会员的姓名籍贯,借以查抄原籍家产。因此,数月下来,成效并不大,甚至兴中会的许多老会员不愿意也不敢和孙中山往来。在这种情况下,孙中山决定到美国大陆去。

就在动身去美国大陆前,1896 年 4 月初春的一天,孙中山正走在路上,忽然碰到了休假到檀香山旅游的老师康德黎。师生异地相见,分外高兴。

康德黎感慨学生的遭遇,从个人角度,他劝孙中山继续钻研医术。但关于未来,孙中山有自己的一番想法,他告诉老师,自己计划周游世界,争取华侨对中国革命的支持,首选是华侨最多的美国,不久后再去英国。

康德黎希望孙中山到伦敦去继续学医,并告诉他英国各医学院大都在 10 月份开学,要去英国学习的话,最好在 10 月前去。临分别时,康德黎留下了自己在伦敦的住址,并约孙中山日后到伦敦时,两人再欢聚。

1896 年 6 月,孙中山到达了美国的旧金山。他在美国活动了三个多月,在旧金山、芝加哥、纽约等地联络华侨,并且与当地的秘密结社组织洪门会建立了联系。

所到之处,孙中山都不遗余力地进行革命宣传:祖国危亡,清政府腐败无能;如果不从根本做起,就无法救亡图存。

但是,孙中山的革命宣传并没有得到积极响应,而且很多人认为孙中山"谋反"是大逆不道的行为,视为"蛇蝎",甚至连筹措旅费也遭到了华商们的拒绝。

一举一动受到监视的孙中山,察觉到了自己的危险处境。在美国停留了三个月后,孙中山决计转赴英国。

9月30日,乘坐白星轮船公司"麦竭斯底号"的孙中山,在英国的利物浦港上岸。10月1日,孙中山到达伦敦。

在到达伦敦的第二天一早,孙中山前往覃文省街与老师康德黎会面。老师认为孙中山还是住在离自家近的地方更为安全,于是孙中山搬到了一间私人开设的葛兰旅馆。

刚来的一个星期,孙中山的生活很平静。除了每天去和康德黎会面,他像个平常的旅人一样,参观大英博物馆,游览摄政公园,也会于逛街时停驻在商店玻璃窗前。

西方文明中的普通生活使他对平等、民主产生了直观感受,大英帝国的古老文化、法治社会一样让他着迷。

伦敦蒙难

　　1896 年 10 月 11 日是个星期天,10 时 30 分,孙中山自葛兰旅店出来,准备和康德黎夫妇一同去教堂做礼拜,路上忽然遇到一个广东同乡用粤语和他交谈。这个人显得很进步的样子,孙中山和他相谈融洽。这时,又过来一个中国人,他们两个人和孙中山一起走,并且请孙中山去寓所喝点茶坐坐,好叙一下乡谊。于是,他们带着孙中山走到一个住所前,刚一进门,大门就被关上了。看见大厅里坐的人是穿着清朝服饰的官吏,孙中山顿时明白自己被骗进了清政府驻英使馆。就这样,孙中山被诱捕了。

　　把孙中山囚禁起来之后,清使馆高兴得不得了,一面向国内的总理衙门发电报报告喜讯,一面又花七千英镑的高价租了一艘轮船,又特地赶造了一个大木笼,计划着要把孙中山运送回国。可以说,孙中山一进清政府的使馆就凶多吉少。一旦回国,孙中山必死无疑。

　　就这样,孙中山被幽禁在使馆三楼的一个小屋里,窗上装有铁栅,门外有人看守,和外界完全失去了联系。

　　被囚禁的孙中山当然知道自己的危险处境,他必须想方设法和外面取得联系,要让英国的新闻界,尤其是要让自己的老师康德黎博士知道自己已经被清使馆秘密囚禁。

第二天一早,英国仆人柯尔进来生火炉,送洗脸水。孙中山想,不能放过任何一点逃生的机会,于是便设法取得他的帮助。

经过几天观察,柯尔觉得孙中山并不像清朝官吏所说的是什么疯子,而是头脑很清醒。于是,他问孙中山:"你究竟是什么人?"

"我是个好人,我不是疯子。我是中国的国事犯,被迫在海外流亡。"

"什么是国事犯?"

孙中山知道英国人信奉基督教,就对柯尔说:"我是中国的基督徒,想谋求改革中国。中国皇帝仇恨基督教,要加害于我。像我这种情况,英国人民知道了,都会同情的。"

柯尔显然有些同情孙中山,但仍有点怀疑,又问:"不知道英国政府会不会援助?"

"我想会的,要不,清使馆完全可以让英国政府抓住我交给他们,他们何必悄悄把我骗来囚禁在这里,显然是害怕外人知道。"

柯尔犹豫着是否该帮这位中国人,他将事情告诉了使馆的女管家霍维夫人。霍维夫人得知此事后,心有不忍,打算暗中帮忙。

孙中山一连几天没有出现,使康德黎心中很是不安。一天24时,康德黎正准备就寝,忽然门铃声响起。他急忙披上大衣去开门,却没有看到人,只在门底下发现了一封信。信中写道:

> 君有友自前星期来,被禁清使馆中,使馆即拟将其押解回华,处以死刑。君友遭此,情实可怜,如不急起营救,必将罹难。其虽不敢自具真名,然所言均属实情。君友之名,某知其为林行仙。

林行仙是孙中山的他名。康德黎一看,知道孙中山被捕,大惊失色。他往马路上望去,透过静静飘落的雪花,只看见一个步履蹒跚的老妇人的背影,她正是霍维太太。

康德黎得知孙中山被囚禁的消息之后,立即展开营救工作。他首先向警察当局报案,请他们出面干预。但是警察说,这件事涉及外国使馆,他们管不了。

康德黎又找到一个朋友,希望他通过税务司向中国公使说明,私捕人犯必引起国际干涉,应该放人。但是,朋友对此策不以为然,拒绝帮忙。

于是,康德黎又找来孙中山的另外一位老师——孟生博士——商量。

后半夜2时,康德黎忽然又听见有人敲门,原来是柯尔送来了孙中山的亲笔信。信中写道："我于星期日被绑架到清使馆里面，将要被偷运到中国去受死刑，请即速救我。清使馆已雇好一船，载我回中国去。我沿途将被封锁起来，不能与任何人通消息。唉！我的大难到了！"信上还要求"照应这个送信的人"。

有了孙中山的准确消息，事不宜迟，康德黎、孟生两位博士决定连夜分头行动，孟生去清使馆，康德黎去报馆，康德黎夫人在家守电话，天亮后负责去葛兰旅馆取回孙中山的行李，无论如何一定要把孙中山救出虎口。

康德黎到著名的《泰晤士报》报馆去，希望他们报道孙中山被绑架之事。但是，由于前几年该报曾经刊发了一封信，后来法庭判决这是一封假信，结果该报被判毁人名誉，赔了一大笔钱。这时，出于谨慎考虑，他们不敢报道这件未经证实的事情。

孟生博士则直接去了清使馆，通知使馆绑架事件已经泄露，使其有所顾忌，不敢贸然将孙中山押送回国或者移送别处。

为了防止清使馆偷偷摸摸将孙中山押送出境，两位博士又连夜雇用私人侦探，密切监视清使馆的一举一动。为了万无一失，他们还特地派了自己的一个学生和侦探一起工作。

10 月 19 日一早，康德黎将连夜写成的载有事情始末的信函上交给外交部和警方各部门。信函内容包括：自己与孙

中山如何相识,孙中山何时来的英国、何时被清使馆诱捕,自己和孟生博士营救孙中山的情况。

这时警方也向格来轮船公司调查,确认了清使馆用七千英镑雇用了一艘轮船,准备将孙中山解运回国,才相信事情属实。于是,英国外交部的特派员、伦敦警察署的乔福斯探长正式接管此案。

10月22日黄昏,《地球报》加印特刊,抢先报道了清使馆非法捕人的消息。于是,伦敦各报纷纷报道,清使馆、康德黎的住处、葛兰旅馆,挤满了蜂拥而至的各路记者。

在这种情况下,英国政府决心进行干预,派代表到清使馆进行交涉,英国首相兼外交部长索尔兹伯里侯爵向清使馆递交了备忘录,要求清使馆按照国际公法、国际惯例迅速释放私捕的人犯。

10月23日,乔福斯探长、康德黎一起来到清使馆。在万般无奈的情况下,清朝公使不得不释放孙中山。

当天16时30分,两个看守人员打开了幽禁孙中山房间的门,让他穿好衣服戴上帽子。孙中山整理好衣服就随看守走下楼去。

当看到等候在门外的康德黎时,孙中山一下子心头舒展。除了康德黎外,还有英国外交部派的人和乔福斯探长等。这时,清朝公使当着众人的面,把从孙中山身上搜走的东西一一归还,并摆出姿态说:"我现在把他交给你们,主要是为了本使馆的特别主权、外交权利不受损。"随即转过身来对孙中山说:"你现在自由了!"

这一天,清使馆成了人们注视的焦点。孙中山刚出门,记者纷纷拥上来,要求他发表谈话。

乔福斯探长见此情景,特意安排孙中山乘坐四轮马车由使馆后门离开,直奔警署。有记者竟然攀爬马车,要求采访。

孙中山与康德黎一路被一批记者乘车尾随。为了满足记者们的急切愿望,孙中山在某酒店接受了采访。这是孙中山首次向全世界公开发表言论。

此后的两个礼拜,孙中山、康德黎一直忙于应对络绎不绝的记者,"几乎舌敝唇焦"。舆论的强大支持,让孙中山终生对西方的新闻体制充满热情。

孙中山重新获得了自由。从此以后,几乎全世界都知道中国有个孙中山,是和清朝政府势不两立的革命领袖。

孙中山把这段带有传奇色彩的经历用英文写成书,叫《伦敦蒙难记》,由布里斯特尔出版社出版,更使他名噪一时。

如饥似渴地苦读

孙中山脱险后,一直到 1897 年 6 月都在英国。

在孙中山被释放之后,清使馆仍然雇用司赖特侦探社的侦探继续监视他的行动。但是,孙中山在伦敦暂住的时间里,似乎并未让侦探们有什么收获。1897 年 4 月 18 日,侦探们给清使馆的报告写道:

> 截至我们现在写信时为止,他的行动有规律,几乎每天到大英博物院图书室、覃文省街 46 号、霍尔庞邮局去。在大英博物院图书室,他不变的总是进阅览室,并停留几小时。偶尔为了要吃些点心,就到布莱街金谷面包公司去;之后,有时仍回大英博物院图书室。

6 月 24 日,侦探又写报告说:

> 此人经常到大英博物院图书室,在那里停留至 19 时或 20 时。

在这段时间里,孙中山如饥似渴地研读了大英博物院所藏的政治、经济、军事、外交,以及农业、畜牧、矿业、机械工程等各类书刊,苦苦探寻救国的真理和道路。

晚上,孙中山读得疲倦了,就伏在桌上睡一会儿,醒来又继续攻读。孙中山的苦读,是革命需要,也是他的一种嗜好。他自己曾说过:

> 我一生的嗜好,除了革命之外,只有好读书。我一天不读书,便不能够生活。

孙中山的日常生活非常朴素,茶、烟、酒一点儿不沾,饮食以素食为主,连蛋类也少吃;只有书,不能须臾缺离。有一阵子,他吃饭的钱快用完了,一些中国留学生凑集了三四十英镑给他。不到三天,他就把这些钱几乎全部用来买了《民约论》(*Du Contrat Social*)、《富兰克林自传》等新书。

康德黎博士十分称赞孙中山的求知精神。他说:"孙逸仙没有浪费一分钟时间去玩乐;他总是不停地工作,阅读一切学科的书籍,并且仔细地、坚持不懈地加以研究。很少有人在追求知识上达到他那样的程度。"

在伦敦,孙中山还同一些流亡英国的外国革命者进行了大量接触,互相交流看法。孙中山告诉俄国的同事说,改良主义不中用,必须用武力推翻清朝统治。

孙中山研究和考察西方资本主义社会问题时发现,资本主义进入垄断资本主义阶段,社会贫富矛盾日益尖锐。英国发生了政府调动军队镇压工人罢工的事情,孙中山设想通过民生主义来解决这个问题。尽管通过资本主义制度本身来避免其弊端是一种幻想,但孙中山看到了资本主义制度本身的"祸患",想采取措施防患于未然则是难能可贵的。

孙中山读书、考察都有的放矢,他的"的"就是中国革命问题。1897年3月1日,他在《双周评论》上发表了一篇题为《中国的现在和未来,革新党呼吁英国保持善意的中立》的文章,认为中国落后的根源是满、汉联合的统治集团。

一个任人唯亲、卖官鬻爵的政府,既不能使国家现代化,又不能保卫它的领土免遭侵犯。如果期待李鸿章通过搞洋务来改造中国,那就等于期待"用银餐具把食人变成素食主义者"。

孙中山断言,"只有彻底推翻目前这个极端腐败的政权,由汉人建立一个好的政府和廉洁的行政机构",中国才有出路。

由于伦敦的华侨、中国留学生很少,孙中山决定前往日本,因为那里与中国近,消息灵通,便于筹划未来的革命。

前往日本

1897 年 7 月 1 日，孙中山乘"努美丁号"轮船离开英国，经一个多月的漂泊后抵达日本的横滨。

孙中山重返日本，也引起了日本政府对这位反清人物的关注。日本外务省派了平山周、可儿长铗、宫崎滔天三人秘密前往中国，调查反清秘密会党。在调查了解中，宫崎滔天对孙中山渐渐产生了兴趣。

宫崎滔天在陈少白那里看过孙中山写的《伦敦蒙难记》，他早就想一睹这名传奇人物，以探索他作为中国革命领袖的能力。他们一接触便一见如故，谈话很投机。

宫崎问孙中山："对中国革命的纲领和策略有什么考虑？"孙中山说："清政府的腐败、欺骗和压迫，使中国陷入了虚弱境地。要是有豪杰之人带头起来推翻清王朝，制定和推行好的政策，改善人民的生活，那样人们的爱国之心就能奋发出来，进取的士气就可以振作。我提出增强共和主义的观念，用强有力的中央政权控制下的联邦制来避免军阀割据和纷争。我国的地这么大、人这么多，却成了菜墩上的肉，任凭像饿虎一样的列强吞噬。一些强国，不是用他们的国力来维护'人道'，给世界带来秩序和安宁,而是威胁别人。我作为一个相信人道的人,对这种不公平、不合理的世界不能够无动于衷。我不得不应时势的要求,当仁不让而做革命的先驱。如果自己搞不好,我就让更有才干的人来领导,自己'服犬马之劳'。不然的话,只好自己肩负起这个艰巨的任务。"

孙中山断定,他的党将完成中国革命,拯救中国苍生。一旦革命成功,其余的问题就会迎刃而解。孙中山深刻的见解、诚恳的态度、随和的谈吐,使宫崎大为折服。他认为这证明孙中山不是一般的反清主义者,而是具有领导近代政治运动能力的受过教育的知识分子。孙中山身上那种英雄的自我牺牲精神,更深深地吸引了宫崎。从此,他们便结下了终生不渝的情谊。

宫崎在与孙中山会面的第二天就赶赴东京,向日本政要犬养毅报告。犬养毅是日本政坛的一位实力派,代表日本自由民权主义的政治力量;他熟悉中国传统文化,主张亚洲各国联合对抗欧美列强。

9月27日,孙中山从横滨到东京拜访犬养毅,他们谈得很投机。孙中山与犬养毅的会晤,为孙中山重新筹划、启动中国革命提供了一个机会。

在犬养毅等人的努力下,孙中山被允许居留日本。此后,一直到1900年,孙中山都待在日本。

清朝政府也分别指令驻日公使、驻美公使和两广督署,以高官厚禄引诱孙中山归顺朝廷,都被他断然拒绝了。

1898年6—9月,国内发生了戊戌维新变法,前后维系一百零三天。9月21日,慈禧太后发动宫廷政变,幽禁光绪皇帝,杀害谭嗣同等"戊戌六君子",康有为、梁启超等人则被迫离开祖国、逃亡日本。

康有为等人到了日本之后,孙中山曾经想和维新派合作,共同谋划革命大业。孙中山表示,只要康有为放弃保皇的主张,同意合作进行革命,孙中山可以和自己的同志们一起奉康有为为领袖。

但是,康有为那时醉心于保皇维新的事业,哪里肯和孙中山合作?康有为的顽固态度使维新派内部发生了分化,一些激进分子如毕永年等人脱离了康有为,加入了兴中会。

虽然与维新派合作的计划进展不顺,但是起义的准备工作并没有停顿。1899年,孙中山派陈少白回香港办《中国日报》,宣传革命。后来他又派毕永年、史坚如深入长江联络会党。9月,长江哥老会、广东三合会、香港兴中会在香港举行联席会议,推举孙中山为总会长。

第二次武装起义——惠州起义

1900 年,八国联军侵华。孙中山决定利用这一机会发动起义。夏天,孙中山偕日本友人宫崎等人,往来于日本、新加坡等地,布置在广东惠州再次发动起义。

7 月 16 日,孙中山自日本前往香港。由于香港当局不准他登岸,他便在船上召开了紧急军事会议。会议决定,以会党为主力,在惠州发难,然后沿海东进。起义由郑士良指挥,史坚如、邓荫南在广州响应,杨衢云、陈少白在香港负责办理接济军工枪械。其后,毕永年再赴长江流域联络会党,孙中山则转回日本,再去台湾,然后伺机潜入内地。

9 月 28 日,孙中山抵达台湾,在台北建立了起义指挥中心,并招聘了一批军事人员,等起义军进抵厦门时进行接应。

当时台湾的日本殖民当局为了达到在福建沿海扩张侵略势力的目的,日本驻台总督儿玉源太郎和民政长官后藤新平假装同情和支持孙中山惠州起义的计划,答应起义后给予帮助,在海丰、陆丰供应武器。孙中山自然很高兴,命令郑士良提前发动起义。

早在年初,郑士良就集合了起义军六百多名,枪三百多支,指挥部设在马栏头村的一间油房里。为了保密,邻乡的农民进了山寨之后一律不许出山。因起义等待时间太长,粮食告缺,郑士良留下八十多人驻守,遣散其余民众等待时机。此时已有风声逐渐外泄,说三洲田有乱党数万人,准备揭竿而起,引起清政府广东当局的注意。

10月初,两广总督开始了对三洲田起义军进行围剿,郑士良急电孙中山速予接济。此时,孙中山并未筹备好,复电暂时解散。但是这边已是箭在弦上不得不发,于是又电孙中山,准备起义兵沿海东上,直逼广州,再一次敦促孙中山接应。

10月8日,郑士良先发制人,派统将黄福带领敢死队八十人夜里突袭清军的先头部队,打死了四十多人,俘虏三十多人。受到突然袭击的清军不知起义军兵力底细,仓皇溃逃。

起义军很快由六百多人发展到两万多人,声势浩大。郑士良在白沙整编队伍,准备攻入厦门,接收由台湾运来的人员和武装。

但是,随着起义军的扩大,粮食和枪支弹药都成了问题,特别是武器供应成了当务之急。

惠州起义的突然爆发,实在出乎孙中山的意料。孙中山要求台湾的日本殖民当局给一笔贷款,等革命成功以后本利一并归还。狡猾的后藤新平说,借钱有困难;他建议起义军加紧攻占厦门,台湾银行在厦门支行有几万元款项,起义军可以去抢。这显然是一个圈套,是给日本人出兵厦门进而攻占福

建制造口实。孙中山当然不会同意。

这时,清政府加紧调集军队,四处围追堵击起义军。正当郑士良率领的人马急需支援的关头,日本人不仅没有给军火、给钱、派远征军,反而把孙中山和他的日本友人平山周驱逐出台湾,禁止兴中会在台湾活动。

孙中山轻信了外援,而没有在战事顺利时发动和依靠群众,致使起义军在接连胜利之后仍然陷入困境,最后钱、粮、武器都断了来源。为了避免更大损失,孙中山当机立断,决定不再坚持。孙中山立即通知香港同志:

> 情势突生变化,外援难期,即至厦门,亦恐徒劳。军中之事,由司令官自决行止。

郑士良和黄福等人先后避往香港;山田良政在送信返回时,由于路不熟,被清军逮捕后杀害。1912 年,孙中山在日本为山田良政立了一座纪念碑,称其为"外国义士为中国共和牺牲者第一人"。

惠州起义失败之后,很少听到有人咒骂革命党人,相反还有不少有识之士为他们的失败而叹惜,对于革命事业的失败深为遗憾。革命党人见到这种变化,心中的欢喜难以言表,他们由此知道,中国人民已经逐步觉醒了。

孙中山领导的第二次武装起义失败了,但这次失败并没有使他退缩,反而更加坚定了他推翻清王朝的信心。他决定进行第三次起义,并为之在世界各地奔走。

孙中山于1901年从日本出发到檀香山,1902年到香港、日本和越南,1903年又从越南到日本、檀香山,1904年再次去美国和欧洲各国,直到1905年夏才回到日本。在这四年多的时间里,孙中山饱经挫折、备尝险阻,但革命的斗志却分外旺盛。

成立"同盟会"

在1900年惠州起义之后,革命形势确实发生了很大的变化,革命出现了转机。

激烈的言论与行动首先出现在清政府无力控制的留日学生当中,出现了《国民报》等宣传革命的刊物。1903年出现了一次革命思想宣传的高潮,出现了章炳麟、陈天华、邹容等杰出的革命宣传家,出现了《驳康有为论革命书》《猛回头》《警世钟》《革命军》等轰动一时的宣传品。

在国内,自1902年起,以南洋公学学生退学风潮为起点,出现了学生退学的大风潮。退学学生组织了爱国学社,继续求学,并且言论日趋激烈。

在这几年的时间里,中国国内革命风潮此起彼伏,陆续成立了许多革命团体,如黄兴、宋教仁、刘揆一领导的华兴会,曹亚伯、吕大森、刘静庵建立的科学补习所,蔡元培、章炳麟组织的光复会、爱国学社,此外还有日知会、强国会、公强会、独立会、岳王会、益闻社、易知社、群智社等。

这些革命团体的目标都是反对清朝政府,各自聚集着一部分反清力量。但是,它们活动分散,难以采取一致步调,迫切需要建立一个统一的政党,以便更好地领导全国规模的革命运动。

面对着迅速发展的革命形势,孙中山并没有坐享其成,他积极从思想与组织两个方面开展活动。

1902年,孙中山在日本横滨广泛结交留日学生。这年冬天,他去越南河内,试图取得法国殖民当局对于中国革命的支持,没有成效,但是他在河内组织了兴中会分会。三年后,这个分会改为同盟会越南分会,在同盟会发动的钦廉、镇南关、河口三次起义中发挥了巨大作用。

1903年7月,孙中山从越南回到日本。在他横滨的住所里,留日学生组成的军国民教育会的积极分子经常进进出出。孙中山和他们知心地畅谈革命救国的道理和方法,并在他们中间物色革命人才。

有的留学生提出,要革命,应该懂军事,他们要求学习这方面的知识。孙中山大力支持,在东京青山练兵场附近秘密创办了革命军事学校,聘请他的新交、日本军事家日野熊藏为校长,聘请退役军官小室健次郎为助教,向参加学习的十四名学生讲授军事知识、枪炮火药制造方法,以及南非布尔人的游击战术和以寡击众的夜击法。孙中山自己也专心研究军事,认为布尔人的游击战术最适用于揭竿而起的中国革命军。他对入学的人要求很严格,每个人都必须填写盟书,表示革命的决心。他亲自主持入学宣誓,誓词就是他制订的革命目标:

驱除鞑虏,恢复中华,创立民国,平均地权。

在这四句誓词中,"驱除鞑虏,恢复中华",是解决民族问题;"创立民国",是解决民权问题;"平均地权",是解决民生问题。后来人们熟知的"三民主义",就已经包含在这里面了。

9月26日,孙中山离开日本去檀香山。旧地重游,他发现七年前他在这里辛苦组建起来的兴中会,已经被破坏得名存实亡了,主要的破坏者就是以康有为为头目的保皇党。

孙中山不得不重建和发展革命组织。他还采用发行公债券的办法筹集经费,以备将来起义之用。在那里,他经常为华侨义务诊治疾病,深得他们的信任和敬重。他们为了酬答这位好医生,便慷慨大方地支持他的集资活动。

1904年1月,孙中山改组了当地的兴中会,成立了"中华革命军"。4月,他离开檀香山,前往美国大陆。7月,他在纽约接触到王宠惠等一批留美学生,在一起热烈讨论了三民主义和革命成功以后有关外交、财政方面的问题。

孙中山给那批留学生留下了很好的印象。王宠惠回忆说:

> 孙逸仙是一个具有感染力而且口齿流利的演说家。他能使听众聚精会神地在一次讲演会里连续听好几个钟头。
>
> 他在夜深人静的时候,仍然精神奋发,和少数革命同志在煤油灯下,在狭小的洗衣作坊后面的房间里,谈论中国军事上失败的情况,以及外交上丧失权益的屈辱,然后阐发他的使中国人民自己起来治理国家大政的方略。他总是风尘仆仆,穿着朴素地出现在人们面前。为了革命事业,他总是热心诚挚,永不灰心丧气。

这时候,日本和俄国的军队正在中国土地上打仗。远东的火药味,使列强都把鼻子伸了过来。美国更是野心十足,企图在"门户开放"的幌子下,在中国这个大肉锅里多捞好处。

8月底,孙中山针对帝国主义的野心,在圣路易斯用英文写成《中国问题的真解决》一文,揭露帝国主义瓜分中国、争夺亚洲霸权的阴谋,驳斥了外国侵略者编造的"黄祸论"。

文章指出:中国人的本性就是一个勤劳的、和平的、守法的,绝不是好侵略的民族;如果他们确曾进行过战争,那只是为了自卫。如果中国人能够自立，他们会证明是世界上最爱好和平的民族。

文章警告帝国主义，瓜分中国的政策只能给自己带来危险与灾难，支持清政府的倒行逆施也是注定要失败的。这篇文章在当时，可以说是无声中国的一声巨吼。

1904 年底至 1905 年春，孙中山又赴欧洲，在华侨和留学生中宣传革命，组织革命团体。

在所有的这些组织活动中，孙中山不再用兴中会的名义，兴中会原来的誓词也不再使用，而是用 1903 年创立东京青山革命军事学校时提出的十六字誓词。

这表明孙中山有意识地要放弃兴中会那个有着浓厚地域色彩的组织，而组织一个新的革命党。事实也是如此，他由日本到檀香山，又由檀香山到美国，由美国到欧洲，都是在要"招集同志，合成大团"的思想指导下进行的。那时的孙中山已经认识到，要取得革命的成功，必须建立新的、团结各方力量规模宏大的革命组织。

1905 年 6 月，孙中山在伦敦听到日本在海战中击沉了俄国军舰，便匆匆赶到日本考察日本获胜的社会背景、军事原因。7 月 19 日，孙中山再次抵达日本东京，受到了中国留学生和各革命团体的热烈欢迎。

那时中国留日的学生有一万多人，孙中山非常高兴。他问宫崎："留学生中有无表现出众的、能参加我党的人？"

"我正要向你介绍一位叫黄兴的湖南人。"

"这人怎么样?"

"一个伟人,将来可能做你很好的助手。"

孙中山听了,马上就要去找黄兴。宫崎忙制止说:"连口茶都未喝就要去,真够性急的,而且你是长辈,还是让我带他来见你好了。你就在这里喝茶等着吧!"

孙中山不同意,他说:"这样的事没有什么前辈后辈之分,是我打听到他的消息,还是应该我去拜访他。"

宫崎带着孙中山来到黄兴的住地,从窗户往里一看,看到地上有一堆拖鞋,一大堆学生正围成一圈讨论问题。听到外面"黄君!"的呼叫,黄兴应声跑了出来,宫崎用手指指孙中山,黄兴一眼便认出,忙上前深深鞠了一躬。

接着,宋教仁、张继、日本人末永节都出来了。黄兴带着大家到神乐场风乐园饭馆与孙中山聚会,大家都开怀畅饮,热烈谈论,来庆幸这次历史性的会晤。

孙中山特别强调革命力量联络的重要性,指出:"不相联络,各自号召","各国乘而干涉之,则中国必亡无疑矣"。他的结论是:"现今之主义,总以互相联络为要。"经过孙中山的积极工作,在日本的各革命团体里的多数人都赞同他关于建立统一革命组织的意见。

革命形势的发展,使孙中山十分高兴,他不仅觉得需要将各个分散的革命团体组织起来,成立一个大的革命组织,以适应革命形势迅速发展的需要,而且还敏锐地感觉到组织一个大的革命团体的条件已经成熟。因此,他积极倡议各革命团体联合起来,成立一个全国规模的革命组织。这一提议得到了各革命团体领导人如黄兴、宋教仁、陈天华等的积极响应。

7月30日,孙中山邀集了除甘肃以外的十七个省的留学生和旅日华侨七十多人,在东京赤板区桧町三番的内田良平家里召开中国同盟会筹备会议。

孙中山作为发起人,首先发表演讲,阐述中国革命的理由、形势和方法,着重说明分散的革命组织结成新团体、协力从事革命大业的必要性。

参加会议的兴中会、华兴会、光复会、科学补习所的代表都同意孙中山的讲话,并推举孙中山为会议主席。新团体的名称最后定为“中国同盟会”。

同盟会的宗旨,孙中山提出“驱除鞑虏,恢复中华,创立民国,平均地权”十六个字,会议讨论通过以后,凡赞成的人都写下誓约。

孙中山即席起草盟书,誓词是:

> 当天发誓,驱除鞑虏,恢复中华,创立民国,平均地权,矢信矢忠,有始有卒,如或渝此,任众处罚。

随后,孙中山带领众人举右手宣誓,事毕,孙中山与各会

员一一行新的握手礼,并道贺说:"为君等祝贺,自今日起,君等已非清朝人矣。"

这时,屋后的木板倒塌,发出一声巨响,孙中山应声说道:"此乃颠覆清廷之预兆!"众人都高兴地鼓掌欢呼。

8月20日,中国同盟会在东京正式成立,参加者有一百多人。会议通过了黄兴等人起草的章程,推举孙中山为总理。同盟会总部设在东京,下设执行、司法、评议三部,这是按照三权分立的原则设立的。总部之外,设立九个支部。国内分东、西、南、北、中五个支部,按地域将各省纳入各支部辖区。另外四个支部设于南洋、欧美。

同盟会成立之后,组织迅速发展,其发展之速真有一日千里之势。短短几年之间,同盟会的分支组织就遍及各地。这就为革命洪流的到来准备了组织条件。

同盟会成立以后,革命形势发展很快,使渴望中国革命早日成功的孙中山由衷地感到喜悦。他认为,同盟会的成立为中国革命开了一个"新纪元"。他开始相信,也许在他这一生中,革命就可以完成。

10月,同盟会的机关报《民报》在东京创刊。孙中山写了《发刊词》,第一次公开提出"民族、民权、民生"三大主义,阐明了同盟会的革命纲领。他指出:

　　　　现在中国有千年专制的毒害没有解除,异族的摧残,列强的侵逼,民族主义、民权主义的实行刻不容缓。民生主义本来问题最多最难解决,幸好中国"受病未深",解决起来却相对要容易一点。

孙中山注意到,资本主义制度并未解决贫富悬殊的矛盾,"欧美强矣,其民实困","社会革命将其不远",中国革命应该"睹其祸害于未萌","举政治革命、社会革命毕其功于一役"。他还阐明,民族主义并不是排斥满人、异族人,"是恨害汉人的清廷统治者"。

孙中山说,假如满人不来阻害革命,革命绝没有仇视他们的道理。关于民权主义,他说主要是推翻恶劣政治的根本——君主专制主义,建立民主立宪政体,因此,就是汉人当君主,也要实行革命。

孙中山告诫革命同志,不能存有丝毫的皇帝思想,或把国家当作私人财产,否则就会彼此相争,把国家搞得四分五裂,"自亡其国"。

按孙中山的解释,他提出的三民主义具有为公、为劳苦大众的精髓,这表明孙中山是代表了"真正伟大的人民的真正伟大的思想"。

《民报》创立之后就大力宣传孙中山的三民主义,与立宪派的《新民丛报》就革命还是立宪的问题展开了一年多的激烈论战。这次论战对于推动革命的发展起了巨大的作用。

发动和领导一系列起义

1906 年秋,中国中部闹灾荒,湖南和江西交界的萍乡、醴陵、浏阳等地区特别严重。

9 月,同盟会会员刘道一、蔡绍南按总部指示回到湖南,和长沙的同盟会会员魏宗铨一道发动萍乡、浏阳、醴陵一带的洪江会党,组织起义。

10 月初,萍乡起义的风声被当地清政府官员知悉,清政府开始采取行动突袭麻石机关,缉拿捕杀会党头目。

12 月 4 日,在会员意见不统一、思想准备尚未完全的情况下,醴陵的洪江会仓促发动起义,占领了萍乡县城以北的上栗市,成立了中华民国军湖南军先锋队,发布了檄文,并以孙中山的名义向各地会党发布了《中华共和国革命军大总统照会》。浏阳的会党、萍乡的矿工、醴陵的兵勇都一呼百应,起义军达到三万人,震惊了长江南北。这就是著名的"萍浏醴起义"。

这次起义并非孙中山发起的。起义后,刘道一曾经密电东京的孙中山,但被湖北电信局扣压。12 日,日本的革命同志从日本报纸上获知起义消息后,纷纷要求回国。

13 日,清政府电令张之洞、端方、岑春煊合力围攻起义军。在清军的重兵镇压下,轰轰烈烈的萍浏醴起义,经过半个月的奋战,以失败告终。起义领导人刘道一、魏宗铨等先后被杀害。

当时,孙中山并没有及时得到起义失败的消息。1907 年 1 月,孙中山还前往日本作家池亨吉寓所,邀请他去中国参加武装起义。

在国内,清政府下令在全国各地大肆搜捕革命党人,张之洞、袁世凯等上奏朝廷说"革命排满之说,以孙中山为罪魁"。2 月 13 日,清政府致函日本的伊藤博文,要求日本政府驱除孙中山出境。

考虑到孙中山已经在日本形成的影响,又顾及本国在华利益,于是,日本政府采取了秘密赠送旅费的方式让孙中山离开,并设宴为他饯行。原本就计划南下组织起义的孙中山表示同意。东京的股票商人铃木久五郎听说这个消息后,也赠送一万元表达对中国革命的同情。

3 月 4 日,孙中山被迫离开日本,在越南河内甘必达街 61 号设立了领导西南武装起义的总机关,以便就近策划两广、云南三省起义。

此后,孙中山发动和领导了一系列起义。其中影响较大的有 1907 年 5 月的广东潮州黄冈起义,6 月的惠州七女湖起义,9 月的广西钦州、廉州起义,12 月的镇南关起义;1908 年 3 月的钦州、廉州、上思起义,4 月的云南河口起义;1910 年 2 月的广州新军起义；1911 年 4 月的辛亥广州起义(也称"黄花岗起义")。

1910 年 2 月,在广州新军起义失败后,孙中山去了檀香山、日本。秋天,孙中山去了马来西亚的槟榔屿,开会讨论广州起义的计划。

孙中山、胡汉民、黄兴、赵声、孙眉,以及华侨同盟会会员邓宏顺、雷铁毅、杨锡初等,参与了这次会议。当讨论到革命前途和下一步革命计划时,大家默默不语、精神不振,相顾无策。孙中山说:

> 一败何足馁? 吾之失败,几为举世所弃,比之今日,其困难实百倍。今日吾辈虽穷,而革命之风潮已盛,华侨之思想已开,从今而后,只虑吾人之无计划无勇气尔! 如果众志不衰,则才用一层,予当力任设法。

孙中山的一番话,打破了会议的沉闷气氛。黄兴也表示同意孙中山再举起义的倡议,并陈述了选择广州作为发难地点的意见。孙眉更是催促孙中山召集南洋同志,开会商议并举行筹款。

这次会议决定,起义的任务分为两大部分:一是由统筹部组织发动广州起义,任命黄兴、赵声为革命军副总司令。二是在长江流域组织各省起兵响应,由陈其美、宋教仁、谭人凤、居正等负责。他们准备占领广州,再分兵两路向湖南、江西进发,然后与各省起义军会师北伐,直捣北京,希望这次能一举成功推翻清王朝。任务分配已定,大家分头行动。

统筹部的同志决定,这次起义仍以新军为主力,巡防营和民军做响应,另外还组织了一支八百人的敢死队。他们运送七百多支枪和三百多枚炸弹到广州,在那里建立秘密据点三十八处,并于1911年4月8日召开发难会,拟订了十路攻袭的战斗计划,预定4月13日在广州发难。

不料,由于从国外准备的枪弹、钱款未能如期送到,清政府的两广总督张鸣岐严加戒备,这次起义未能如期发动。后来,几经周折,一改再改,原来的部署被打乱,不得不放弃原定的进兵计划,改为集中全力攻打两广总督衙门,起义的时间改在4月27日17时30分;攻袭总指挥改由黄兴担任。

4月27日一早,乘早船到达广州的赵声部队,因城门紧闭而不能进城,只有福建和海防的先锋部队到广州候命。黄兴将象牙印章、黑钢怀表分送给各先锋,以作守信、准时之用。

16时,离预定的起义时间还有一小时,黄兴集众演说。这时李文甫、罗仲霍、朱执信、谭人凤等人也悉数到来。谭人凤将香港情况告诉黄兴,请求延缓一日,黄兴只说了一句:"老先生,勿乱我军心!"此时,箭在弦上,不得不发。

出发前10分钟,陈炯明派人来,见黄兴等人已经整装待发,一言未发转身离去。按预定计划,黄兴攻督署,陈炯明攻

巡警教练所。但后来的事实是，陈炯明害怕事情棘手而不敢行动。

17时30分，黄兴率队出发，一时螺号呜呜，风起云涌。但是，黄兴在攻下了只有少数卫队守卫的两广总督府后，其他三路却都没有接应，城外新军也没有接到通知，其他联络的民军则因宣布改期后已经解散。这样，只剩下一百多名先锋队员，面对比他们多几十倍的清军援军，陷于孤军苦战。

当赵声、胡汉民率领二百多人乘夜船于28日凌晨到达广州时，见城门紧闭，又分别折回。此时，起义已彻底失败了。

这次起义，在战斗中英勇牺牲的有五十七人，被捕后慷慨就义的有二十九人。事后，收殓到革命烈士的尸体七十二具，由革命党人潘达微营葬在广州城外东北郊白云山麓的红花岗。后来，潘达微把红花岗改为黄花岗。从此，"黄花岗七十二烈士"的英名传遍了全中国。

正在芝加哥为革命筹款的孙中山，听到黄花岗起义失败后，异常悲痛。同时，他也预见到这次起义的巨大意义。他在《复谢秋函》中指出：

　　革命之声望从此愈振，而人心更奋发矣！

后来，孙中山在《黄花岗烈士事略·序》中，以气壮山河的文笔，生动描写了这次起义的情况、价值和影响。他写道：

　　然是役也,碧血横飞,浩气四塞,草木为之含悲,风云因而变色。全国久蛰之人心,乃大兴奋。

　　怨愤所积,如怒涛排壑,不可遏抑。不半载而武昌之大革命以成,则斯役之价值,直可惊天地、泣鬼神,与武昌革命之役并寿。

　　黄花岗起义是孙中山领导的第十次武装起义。所有这十次起义,虽然都因为没有发动和依靠群众,特别是没有发动和依靠农民而失败了,但是它们都打击了清政府,在政治上、精神上动员和鼓舞了民众,促成了革命形势的高潮,一步一步把清朝统治逼上了灭亡的境地。

第四章

建立中华民国

建立中华民国

此后,孙中山发动和领导了一系列起义。虽然黄花岗起义失败了,但是黄兴、朱执信等重要骨干却机智地脱险了,孙中山知道后高兴地说:"天下事尚可为也。"他以革命家的政治敏感,预计到革命高潮正在到来,于是他立即写信给旅美的革命党人,说要尽快准备发动一次更大规模的起义。

在黄花岗起义失败后,以宋教仁为首的一批革命党人,因为对孙中山总是在西南边陲发动起义的方略不满,在上海成立同盟会中部总会,放弃了孙中山的边地起义的策略,集中力量在长江中下游发展组织,策动起义。

1911 年 8 月 11 日,孙中山在《致郑泽生函》中分析了当时的形势:

> 吾党无论由何省下手,一得立足之地,则各省望风归向矣。

形势的发展,证明了孙中山的估计非常正确,一场摧毁清廷统治的大火,正是由一个火星点燃的。10 月 10 日,武昌起

义爆发。同盟会的革命斗争,终于取得了成功。

9月24日,文学社和共进会在胭脂巷机关举行会议,一致决议定于10月6日(农历八月十五)举行起义,还推举蒋翊武为革命军临时司令,孙武为参谋总长。

不幸的是,6日起义的决定走漏了风声,甚至被公开登在汉口的报纸上。不得已,总机关决定将起义推迟到9日夜晚举行,其余均依原定计划进行。

10月9日上午,孙武、邓玉麟在汉口俄租界宝善里14号机关配制炸药,结果引发爆炸,被俄国领事带领的警察逮捕,搜出有中华民国军政府鄂省大都督之印、告示、革命党人名册等物。清政府听说了革命党起义的消息,要求驻汉口的俄领事予以协助。

消息传到工程八营,革命党在该营的总代表熊秉坤深感形势严峻:若不当机立断,起义就会夭折。于是,熊秉坤便利用早餐机会集中各连队革命党人代表,秘密商量,他说:"今日反亦死,不反亦死,大丈夫能惊天动地,虽死犹烈!"这席话获得在场代表的一致赞成。当时大家决定晚间第一次点名后起义,以三声枪响为号,先杀掉敢于抵抗的反动长官,再攻占楚望台军械库。

20时,二排长陶启胜得到起义情报后,带人闯进一排来侦察,正好看见程定国、金兆龙等人正在换枪装子弹,便大声呵斥:"想造反吗?"

金兆龙回答说："造反怎么样？"

陶启胜想先发制人，猛扑过来，抓住金兆龙双手。金兆龙大声喊："同志们，再不动手，等到什么时候？"

程定国举起枪托猛击陶启胜。在陶启胜向外逃离时，程定国举枪射中其腰部。

武昌起义的第一枪就这样打响了——

听到枪声，城内各营兵士纷纷响应，一齐奔向楚望台。

23时左右，各路起义士兵会合在一起，共有三千多人。他们兵分三路猛攻湖广总督督署，还组织了一个敢死队，直插督署东辕门。炮兵也在蛇山连续发炮，配合士兵进攻。

城里的枪炮声和喊杀声惊天动地，总督瑞澂打穿后墙，带了一排卫兵仓皇逃往"楚豫号"兵舰，其余守军也都纷纷逃散。

经过一夜战斗，起义军终于在清晨攻克了总督衙门，正午占领了武昌全城。

汉阳、汉口的革命党人，闻风而动。10月11日晚，汉阳宣布独立；12日，汉口宣布独立。武汉三镇，连成了一片。起义军宣告中华民国湖北军政府成立，公推黎元洪做都督。

10月28日，黄兴从香港经上海来到武汉，被推为革命军总司令。

到了11月下旬，仅仅一个多月的工夫，全国已有十四个省宣布独立，清朝的统治顿时陷入了土崩瓦解的局面之中。

10月9日武昌起义爆发的时候，孙中山正在美国科罗拉多州辛劳地为革命筹集经费。12 日,他在丹佛看到革命军占领武昌的新闻,心情非常激动,打算立即回国亲自指挥革命战争。但是,他考虑,共和国一成立,马上就会碰到外交、财政方面的困难。他特别担心有些国家可能联合起来,或同清政府勾结起来反对革命。于是,他放弃了回国计划,继续在海外为革命奔走。他去纽约、伦敦、巴黎,呼吁各国政府、金融界支持革命政府,贷款给革命政府,而不要再同清政府发生关系。

这时,国内面临着政权易手的复杂情况,野心家夺权争利,旧势力妄图复辟,革命派意见分歧,急需孙中山迅速回国。革命党人一再发电催请孙中山回国主持大局。11 月 24 日,孙中山在法国马赛登上了驶向东方的轮船。

经过一个月的颠簸,12 月 25 日,流亡海外十六年的孙中山回到祖国,抵达上海。

29 日,独立的十七省代表在南京开会,选举孙中山为中华民国临时大总统。

1912 年 1 月 1 日,孙中山离开上海前往南京,22 时正式宣誓就任临时大总统,宣布中华民国成立。

第二天,孙中山以临时大总统身份召开各省代表会,通过了《临时政府组织大纲修正案》。民国政府设置陆军、海军、外交、司法、财政、内务、教育、实业、交通共九个部,并将部长改称总长。

根据组织大纲,各部总长由总统提名,但必须经过各省代表大会同意。因此，各部总长人选的安排，实际上是一次权力再分配。省与省之间、代表与代表之间，旧官僚、政客、社会名人都暗中铆足了劲，一争高低。

黄兴与孙中山商量，在人员安排上，采取"部长取其名，次长取其实"的原则。

至此，以孙中山为首的中国第一个经选举产生的民主共和国政府宣告组成。九位总长中，只有黄兴、王宠惠和蔡元培是同盟会成员，其余皆为清末官僚。这个成分复杂的政府组成名单，也为日后埋下了诸多动荡不安的种子。

1911 年是我国旧历的辛亥年，因此这次革命又叫作"辛亥革命"。

辞去大总统之职

在 1911 年 10 月 9 日武昌起义爆发后，清政府任命袁世凯为总理大臣，他挥兵南下，占领了汉阳，与革命军形成南北割据的局面。

袁世凯一方面对清廷表示要"杀身成仁，誓为清廷保全社稷"，另一方面却对其亲信的前方将领指示不可轻易督师进攻。清廷、革命党人都在努力拉拢袁世凯，而袁世凯的如意算

孙中山传

盘是利用双方的矛盾和弱点，抬高自己的身价，从而达到一箭双雕的目的。

10月19日，袁世凯电召自己的幕僚刘承恩从襄阳赶赴河南彰德(今安阳)，希望他利用与黎元洪的交情来代其游说。于是，刘承恩带话说，袁世凯可以与革命军合作，不久就可以进行和平谈判。

袁世凯在秘密与南方革命党人进行联系的同时，又通过与其联系密切的英国驻华公使朱尔典出面，提议停战议和。

孙中山委派伍廷芳与袁世凯的代表唐绍仪进行谈判。伍廷芳代表孙中山重申：只要清帝退位，宣布实行共和制，袁世凯就可以就任总统。

袁世凯看透了革命派对共和制的迫切心理，就唆使北洋军阀姜桂题等四十七人联名通电反对共和，主张君主立宪制，并威胁说他要召回北方议和代表，以逼迫革命派做出让步。

袁世凯反对共和制，当然是一直为共和制而努力的孙中山所不能答应的，他决定用武力来回应袁世凯的无理要求。1月11日，孙中山宣布自任总指挥，兵分六路北伐那些嚣张跋扈的军阀。

北伐军多处旗开得胜。但是，刚刚产生的南京临时政府财政困难，不能应付北伐的军需，军事力量也很薄弱。这时，钻进革命阵营内部的旧官僚政客、立宪党人，大力鼓吹"议和"和"南北统一"。

袁世凯除了在军事上继续抵抗北伐军,又在政治上玩弄阴谋,打算把北京的清政府、南京的临时政府一同取消,由他在天津另外组织一个临时政府以"统一"全国。

孙中山坚决反对袁世凯的狼子野心,在报纸上发表文章斥责他是"民国之蠹"。但是,孙中山反对袁世凯的斗争,在同盟会内得不到支持,连他最好的助手——临时政府的陆军总长黄兴——也写信给胡汉民、汪精卫抱怨说:如果军费不能解决,议和搞不成,他就难以指挥军队,只有切腹自杀了。

汪精卫更是公然拆台,不愿意出任广东都督,并攻击孙中山有"权利思想",甚至挖苦孙中山:"你不赞成议和,难道是舍不得总统吗?"

妥协思潮到处泛滥,孙中山感到孤掌难鸣。

帝国主义更是密切配合袁世凯的阴谋。他们拒绝承认南京临时政府,不给贷款,甚至调兵遣将威胁说:如果中国"内乱"不休,他们就要实行干涉。

为了打破孙中山最后的思想防线,袁世凯又虚伪地声称他也拥护共和制,说"共和为最良国体,世界之所公认""永不使君主政体再行于中国"。

在受到来自革命阵营内部、清政府、帝国主义的重重压力的情形下,孙中山别无选择,只好向袁世凯妥协。

1912年2月12日,清朝皇帝溥仪被迫下诏宣布退位。至此,统治中国两百多年的大清王朝终于被推翻,自秦始皇以来

绵延了两千多年的君主专制制度也就此结束。

14日,孙中山向临时参议院提出辞职,推荐袁世凯继任临时大总统。不过,他在提出辞职时,附有三个条件:

一、临时政府地点设于南京,不能更改;

二、辞职后,要等新总统亲自到南京就任的时候,现总统和国务各员才能正式解职;

三、新总统必须遵守参议院所颁布的临时政府的一切法制章程。

15日,临时参议院选举袁世凯为第二任临时大总统。

然而,其后,袁世凯施计,得以在北京就职,建立了北洋军阀政权。

重视铁路,振兴实业

辞去临时大总统职务以后,孙中山一度以为自己的"三民主义"中的民族主义、民权主义已经实现,接下来的首要任务是实现民生主义,只有这样才可以巩固民国。所以,在其后的一段时间里,孙中山醉心于实业,到处考察,到处宣传民生主义。

在解职后的第三天，孙中山就带领胡汉民等人，从南京到上海，又到武昌，会见了黎元洪，到武汉刘家庙凭吊了辛亥首义烈士，然后回到上海。

不久，孙中山又乘兵舰从上海抵达福州，再经香港到广州，为黄花岗七十二烈士写了"浩气长存"的巨匾，接着回到了阔别十七年的故乡翠亨村。

所到之处，孙中山都反复宣传民生主义，以及社会革命的内容和政策，号召大家万众一心，共同建设人民幸福的新民国。

孙中山非常重视铁路在振兴实业中的作用，说铁路建设是"发展中国财源的第一要策""交通为实业之母，铁路又为交通之母"。他决定首先从修筑铁路入手来实现社会革命的愿望。

1912 年 6 月中旬，孙中山专程去上海，同黄兴商议他亲自草拟的修筑铁路的计划，提出修建三条沟通全国的主要铁路干线：一条从广州到天山之南，称南线；一条从长江口到伊犁，称中线；一条从秦皇岛到内蒙古乌梁海，称北线。

从表面上看，袁世凯最初也希望能与孙中山保持一个良好的关系。4 月，袁世凯两次向孙中山发出北上共商国是的邀请。为了表示诚意，袁世凯又派他的长子袁克定到上海迎接。正好孙中山也想到北京去一趟，争取他的铁路建设计划得到参议院的赞同和政府的批准。他还想跟袁世凯恳切地谈一谈。8月24日，孙中山到了北京。

孙中山在北京逗留一星期有余，他和袁世凯会面十余次，且多为密谈，有时只有总统府秘书长梁士诒在座。每次谈话时间自16时至22时，有几次甚至谈到次日凌晨2时。他们谈话的内容包括铁路、实业、外交、军事等问题。孙中山甚至天真地对袁世凯表示，自己在十年内不参与政治活动，支持袁世凯在十年之内练兵百万，计划修筑铁路十万千米。袁世凯对孙中山几乎是言听计从，当即请孙中山担任全国铁路督办。

此后，孙中山觉得袁世凯并没有不忠于民国的野心，于是便漫游天下，实地勘察他的铁路去了。

10月14日，孙中山在上海正式成立了中国铁路总公司，设立了督办办事处，统筹安排全国铁路的修建工作，同时完成了全国铁路干线分布的设计，并着手筹措经费。

在向外国贷款时，孙中山特别强调要坚决维护国家主权。为了贯彻这个原则，孙中山专门规定了贷款之原则，即不失主权、不用抵押、利息甚轻。孙中山把国家主权看得很神圣，时刻没有忘记这一点。

有一次，孙中山去江西宣传兴办铁路的重大意义，路过九江，看见城墙上悬挂了好多外国广告，便问警察厅厅长周兆群："外国在城墙上挂广告牌，是不是向我国租用了？"

周兆群摇头回答："没有。"

孙中山立即严肃地说:"外国法律规定,不论在哪里竖立广告牌,既要征得主人同意,还应该缴纳税金才行。我们必须维护这种权利。"

周兆群按孙中山的意见,向各国驻九江领事发出通知,限令所有的广告在三天内补办缴纳租金的手续。

开始,各国领事和洋行、商行根本不理睬警察厅的通知,而且虚张声势,提出交涉。

周兆群向江西省都督李烈钧报告了事情经过,得到了李烈钧的坚决支持。

当警察厅准备按通知内容采取强硬行动的时候,那些悬挂广告牌的外国人才乖乖地补办了缴纳租金的手续。

又有一次,孙中山乘船到达安庆。一天傍晚,安庆市警察厅厅长祁耿表下令扣留了英国商船载的大量鸦片。英国领事向安徽省都督兼省长柏文蔚提出"严重抗议",停泊在长江上的英国炮舰,威胁要向安庆市开炮。

安庆一片恐慌,都督府和行政公署的人员都不敢去上班。柏文蔚向孙中山请示对付办法,孙中山说:不要怕英国人的威胁,要焚毁查获的鸦片。孙中山还要亲临现场发表讲话。消息传开后,长江两岸很快就聚集了一万多欢腾的男女老少。

第二天下午,孙中山来到安庆南门城外的现场登台演讲。他慷慨激昂地历诉帝国主义利用鸦片毒害中国人民、掠夺中国财富的罪行;中国人受害已经七十多年了,再也不能容忍。

老百姓听了无不痛心和愤怒。

这时,江上的英国炮舰做出要发炮的架势,老百姓惊惶起来。但是,见孙中山神色自若,仍在滔滔不绝地演说,声音越来越洪亮,大家的情绪也稳定下来,继续镇静地听孙中山的讲话。

演讲一结束,柏文蔚一声令下,祁耿表即率领警察点火焚烧鸦片。顿时火光冲天,烟雾蔽空,两岸民众欢声震耳,英国人的炮舰无可奈何,只得在震天的怒吼声中,匆匆地朝长江下游开去。

然而,孙中山一心在为国家着想,袁世凯却加紧了实行个人独裁、镇压进步力量的步伐。孙中山放弃政治,专心致志地从事铁路建设的善良愿望,注定是一厢情愿的悲剧。一种报国无门的失落感向他袭来。

1913年2月,孙中山去日本考察实业、铁路建设,联系贷款。在对留学生的谈话中,孙中山不无感慨地说:中国的革命虽然已经成功了,但一年多过去了,建设事业尚无头绪。

在对华侨的演说中,他又说:现在我国外交非常危险,内政非常混乱。

发动"二次革命"

1912 年 7 月 26 日,袁世凯不顾议会反对,出动军警威胁参议院同意陆征祥出任国务总理。面对袁世凯的专权,原本在唐绍仪内阁任农林总长的宋教仁,深感必须组织一个强大的政党,造成两党通过竞选轮流执政的制度,以把国家引向宪政轨道。

当时,南北小党共有数百家之多,其中统一共和党是参议院中的另一大党,极其不满陆征祥组阁,深感有扩大力量的必要,提出与同盟会合并的愿望。经几次商谈后,合并之事进展颇为顺利,国民公党也表示愿意加入合并,国民共进会、共和实进会得知三党将合并,也表示愿加入合并谈判。

于是,统一共和党、同盟会、国民公党、国民共进会、共和实进会五个政党合并,改称"国民党"。8 月 25 日,在北京虎坊桥湖广会馆召开了国民党成立大会。这一天正是孙中山来到北京的第二天。在会议选举中,孙中山以 1130 票的绝对多数,当选为理事长。孙中山力辞不就,于是,国民党中央决定让宋教仁代理。

袁世凯害怕他骗到手的权力被宋教仁用合法的手段再拿

回去。于是,他授意内阁总理赵秉钧收买刺客,跟踪宋教仁,伺机向他下手。

1913年3月20日晚上,宋教仁赶赴上海车站,打算坐火车去南京时被刺杀。

宋教仁被害的残酷现实,使孙中山认清了袁世凯的狰狞面目。他意识到,袁世凯就是共和民国的最大威胁,不打倒他,中国就会重回专制独裁的黑暗时代。

因此,孙中山急忙从日本赶回国,召集同志商议发动反袁的"二次革命"。从此,孙中山走上了捍卫共和民国的斗争历程。

1913年秋,孙中山决心要缔造一个组织坚强的中华革命党。但是,孙中山的誓词,遭到了几位老同盟会中坚人物的反对。

对于孙中山以武力讨伐袁世凯的正确主张,国民党的上层领导开始并不支持。不少人软弱退让,迟疑不决。这一点被袁世凯看透,他的气焰更加嚣张起来,悍然下令把一批国民党官员,如江西省都督李烈钧、安徽省都督柏文蔚、广东省都督胡汉民等给罢了官,并派兵向南方的国民党人发起武装进攻。为大势所迫,国民党人不得不起来应战。

7月12日,李烈钧在江西湖口宣布独立,打响了"二次革命"的第一枪。

在上海的孙中山,号召南京、上海等地紧急行动起来,配合李烈钧的行动。接着,江苏、安徽、广东、福建、湖南、重庆等省市相继宣布独立。

7月下旬,孙中山通电全国,声讨袁世凯反对革命的罪行,要他引咎辞职;不然的话,孙中山将以过去"反对君主专制之决心",来推翻袁世凯的反动统治。

8月初,孙中山离开上海,打算去广东直接领导讨袁战争。帝国主义积极支持袁世凯,给他钱,派军官、兵舰帮助北洋军攻打讨袁军。

思想、军事准备都不足的南方各省的讨袁军,招架不住北洋军的反扑;国民党又涣散无力,不能发动和组织群众,最终导致独立的省市先后被北洋军攻陷。

在去广东的途中,孙中山了解到形势的不利变化,去广东已不可能,他只得转赴日本。

9月1日,讨袁军的最后据点南京陷落。

孙中山为挽救辛亥革命成果而发动的"二次革命",不到两个月时间便被中外联合的反动势力打败了。

这次失败,给亡命日本的革命党人罩上了一层厚厚的阴云,种种灰心,互相埋怨。但是,孙中山毫不气馁,他耐心地鼓励革命党人振作起来,恢复以往的朝气。这年年底,他函告南洋的革命同志:

　　　　　既不可以失败而灰心,亦不能以困难而缩步。精神

贯注,猛力向前,应乎世界进步之潮流,合乎善恶消长之天理,则终有最后成功之一日。

孙中山眼光远大,对未来抱有必胜的信心,他指出,即使在自己这一生革命也难成功,但四万万民众总有站起来的,一定不要害怕。

孙中山也敏锐地看出,复杂、涣散的国民党已经不能承担号召和聚集革命力量的历史任务。于是,他召集在东京的部分革命党人,总结经验教训,准备重新建党,重整旗鼓,进行"三次革命"。

在"二次革命"失败的责任问题上,以及在革命党人未来的行动方针上,两位革命领袖——孙中山、黄兴——发生了重大分歧,黄兴带领一批主张缓进的同志组织了欧事研究会,而孙中山则带领一批激进的同志组织了中华革命党。

1914年夏,建新党的准备工作基本就绪,孙中山便于6月22日在东京召开了中华革命党第一次大会,流亡到日本的八个省革命党人出席。大会选举孙中山为总理。

7月8日,中华革命党宣布正式成立,有三百多人参加了成立大会。孙中山在会上宣誓入盟,正式就任中华革命党总理的职务。

孙中山手书的《中华革命党总章》也在大会上公布,其中规定,党的宗旨是实行民权主义、民生主义,目的是扫除专制政治,建立完全的民国;至于民族主义,孙中山认为清帝已经退位,这个问题已经解决了。

大会决定在海内外设立党的支部,国内支部的任务主要是从事武装讨伐袁世凯,国外支部的任务主要是筹集经费。

遗憾的是,孙中山的政治纲领、斗争目标仅仅局限在"反袁"和实现"共和"这种比较表面的层次上,没有提出反对帝国主义、封建主义的彻底纲领,使封建主义得以在帝国主义支持下维持局面,镇压革命力量。此外,在重新建党过程中,有些做法不大妥当,比如把党员分等级,入党的人要按手印,绝对服从总理等。这就使得这个党像是在恶劣环境下出世的早产儿,没有多大生命力。孙中山想通过重新建党来重振雄风、再举革命的愿望,只有再次落空了。

后来,孙中山总结这次重新建党的经验教训时说,从前在日本,曾经想改组,就是因为没有办法。

接下来,孙中山从失败当中进一步认识到武装的重要性。9月,孙中山亲自为中华革命党拟定了《革命方略》,还用了两个半月的时间同廖仲恺等商量组建革命军队问题。不过,这个重要问题实际上并没有落实。反袁的手段,仍然主要是组织局部暴动的方式,没有什么大的成效。这一点孙中山自己也发现了,因此他想采用一些新的做法。

1915年夏末,孙中山派出他的许多重要助手分别去做地方军队将领的工作,争取他们把枪口对准袁世凯,结果也收效不大,最后都失败了。孙中山反对袁世凯的斗争,一再陷入巨大的困境之中。

同宋庆龄结婚

1913年7—9月"二次革命"失败后,在袁世凯气焰嚣张的时候,孙中山领导的中华革命党首举讨袁义旗,孤军奋战,屡败屡起。这些起义虽然有脱离群众、冒险盲动的弱点,没能从根本上动摇袁世凯的统治,但在国人心中点燃了武装讨袁的火种,鼓舞和激发了人民反对专制统治的斗志,促成了国内其他政治力量的转变,为护国战争准备了条件。

1913年10月6日,在大批军警包围下,袁世凯当选正式大总统。10日,袁世凯于上午在清宫太和殿上举行盛大的大总统就职典礼,下午又在天安门上阅兵,将勋章授给前清内务府总管世续、太保徐世昌,想以此表明民国大总统的地位不是从革命党手中夺来的,而是由清王朝禅让而来的。

辛亥革命的果实落入奸人的手中,孙中山深深感到所受打击的沉重。正当他陷于危难逆境的时候,宋庆龄走进了他的生活。

1914年夏天,二十一岁的宋庆龄从美国威斯里安女子学院毕业,去日本探望她的父母。她的父亲宋嘉树当时担任孙中山的秘书。由于肾病的折磨,宋嘉树对繁重的秘书工作感到不堪胜任,便让女儿帮助他做一些翻译工作。

不久,宋庆龄正式担任孙中山的英文秘书,她的父亲便回到上海休养。她的工作十分出色,深得孙中山的赏识和信赖。

孙中山让她保管机要通信密码,承担对外联络工作。宋庆龄在童年时代就认识孙中山,很钦佩他坚强不屈的革命精神,现在又很默契地与他并肩从事着伟大而危险的革命工作。

孙中山为祖国、为革命献身的巨大热情和勇气,像磁铁一样吸引着宋庆龄的心。她小时候听孙中山说过,"要是我不为一件伟大的事业而生存,那么我的生命便毫无意义,而且没有中心了"。这句话像一盏明灯,一直照着她的心灵。而她的志愿也是:能帮助几百万民众,成为伟大事业的一分子。这些崇高而伟大的东西,在宋庆龄心中渐渐酝酿成为甜美而坚贞的爱情。

1915年夏天,宋嘉树的病情加重,宋庆龄要回国探亲。行前她对孙中山说:"我准备两三个月回来。有一件事我曾经考虑了很久,我现在觉得,除了帮助你为革命工作之外,没有什么使我更快活的了。我可以设法解除你所受的困扰,帮助你工作,留意你的一切。我十分希望我能这样献身革命。"

宋庆龄低着头,声音很轻细。最后她终于鼓起勇气提了一个问题:"现在我要知道的只有一件事,你要不要我做你的

妻子,永远帮助你做革命工作?"

宋庆龄深情地等着孙中山的回答。孙中山真挚地思考了好一阵。他温情地说:"你是这样年轻,我已经几乎是一个老人了!我自愧不足以胜任革命的领袖,而你竟愿意在我这样困难的时候,委身来帮助我。庆龄,我怪自己不应当在你小的时候让你听到这些事,也怪自己不应当让你再度接触饥饿、灾难这种使人们一经遭受便难以摆脱的痛苦。你能不能回到上海,在那里住上一段时间,看看你的思想怎样。我目前不能接受你这一点。"

孙中山内心早就对这位温柔美丽、才能卓越的女子产生了一丝情愫,然而,他也顾及他们两个人的年龄差别,想听听宋庆龄父母的意见。但是,宋庆龄坚定地说:"我会跟他们说的,不过现在一切都算决定了!"

宋庆龄回到家里,说起与孙中山的爱情,遭到了父亲的拒绝,但宋庆龄决心已定,最后还是回到了孙中山的身边。

这对革命战友的结合,遭到了种种阻难,宋庆龄的父母、孙中山的战友都反对他们。但是,他们坚定不移,共同战胜了一切困难,最终实现了他们幸福的结合。

1915年10月24日,宋庆龄回到东京。第二天,她便同孙中山正式结婚。婚宴是简单的茶点,几位中国朋友和日本朋友参加祝贺。结婚仪式结束以后,新婚夫妇回到他们的新居青山原居109号住宅。

从形式看,这两位革命家的结合比普通人还简单;但是,他们的婚姻的价值和意义却是巨大的。宋庆龄不仅是孙中山的生活伴侣,更是他的革命助手。

婚事一告结束,孙中山便更紧张地投入了反对袁世凯复辟的斗争。

发起护法运动

1915 年 12 月,袁世凯宣布改次年为洪宪元年,建立"中华帝国",准备即皇帝位。1916 年元旦,袁世凯称帝。

在此前的 11 月,被袁世凯监视的蔡锷,在梁启超的赞助下潜出北京。12 月,蔡锷赶赴云南,联络唐继尧、李烈钧于 25 日通电讨袁,宣布云南独立,成立护国军,并且号召各省同时起义。

正在日本的孙中山,从报纸上看到袁世凯称帝的消息后,也十分震惊和气愤,指示宋庆龄马上给广东的朱执信、上海的陈其美发电报,让他们立即揭竿而起,武装讨袁,响应云南起义;同时给蔡锷、李烈钧发电报,预祝他们起义成功。

护国军出兵四川、贵州、两广,贵州、广西先后独立。袁世凯派兵入川镇压,不能取胜,被迫于 1916 年 3 月 22 日取消帝

制,但仍然保留大总统职位,要求停战。

5月,岑春煊、梁启超在广东肇庆设军务院,提出以袁世凯去位为媾和条件。四川、湖南相继宣布独立。北洋军将领冯国璋(直系)、段祺瑞(皖系),不肯为袁世凯作战。

6月,孙中山从国外回到上海,发表第二次《讨袁宣言》,开展反袁斗争。

6月6日,袁世凯在全国人民的声讨中忧惧病死。

此后,进步党联络西南各省实力派,勾结北洋军阀段祺瑞,以黎元洪继任总统、恢复国会为条件,结束了护国运动。

黎元洪、段祺瑞彼此争权夺利。在1917年第一次世界大战期间,以段祺瑞为首的亲日派,为扩充实力,主张对德国宣战;以黎元洪为首的亲英美派,则利用国会支持,表示反对。5月,段祺瑞指使督军团强迫国会通过宣战案未遂,要求解散国会,又组织所谓"公民团"包围国会。黎元洪下令将段祺瑞免职。段祺瑞在天津设军务总参谋处,策划武力倒黎。时称"府(总统府)院(国务院)之争"。

1917年6月,安徽督军张勋奉黎元洪之召,以十三省军事同盟"盟主"身份,从徐州率兵进京"调停"。张勋入京后,逼迫黎元洪解散国会,并将黎元洪驱走。7月1日,张勋伙同康有为等拥立溥仪复辟,但遭到全国人民反对。

段祺瑞也以反对复辟为名,誓师讨伐张勋。7月12日,张勋兵败,段祺瑞重新出任国务总理,拒绝恢复《中华民国临时约法》和国会。

现实使孙中山认识到，段祺瑞等人不过是借假共和之名行专制之实。7月19日，孙中山以"拥护约法、恢复国会"为号召，率领驻沪海军、部分国会议员到广州。同时，孙中山致电段祺瑞，揭穿他非法复任国务总理的伎俩。但是，段祺瑞对孙中山的警告置若罔闻，他自认是"再造共和"。

8月，皖系政客徐树铮、王揖唐等在北京安福胡同组织俱乐部，贿买选票，包办选举，成立"国会"（时称"安福国会"），操纵选举，选举徐世昌为"总统"。

孙中山在广州召开国会非常会议，组织护法军政府。9月，孙中山被推举为大元帅，领导滇军、粤军，以及部分桂军、黔军、湘军、川军等，抗击段祺瑞的军事进攻，击败进入湖南、四川的北洋军阀军队。

9月10日，孙中山在受任宣言和就职布告中，发誓要"攘除奸凶，恢复护法"，以完成民国成立时未完成的责任，正式树起"护法"的旗帜，在广州建立了与北京的段祺瑞卖国政府相对抗的中华民国军政府。于是，中国分裂为南、北两个政府。

因为自己没有武装力量，孙中山计划借助西南的桂系军阀陆荣廷的力量来反对北方军阀，以保卫民主政治。

护法运动收到了一些成效，几个月之内就有十多个省卷入，北方军阀的武力统一计划因此破产。

但是，陆荣廷之所以允许孙中山到广州组织护法军政府，发起护法运动,只不过是要利用护法,确保自己割据两广的局面能够苟延残喘。陆荣廷还和北方军阀勾结,阻碍、破坏护法运动,排斥孙中山,特别是不让他领导武装力量。

1918年5月,因受陆荣廷等的排挤,孙中山被迫去职。眼看自己的护法事业无法继续,孙中山只能愤怒离开广州赴上海。护法军政府遂成为桂系军阀的政权,向北洋军阀靠拢,酝酿南北议和。

护法运动的失败,使孙中山认识到辛亥革命悲剧的深刻性、严重性。他说:

> 这次革命只革掉了一个清廷的专制,反而产生了无数强盗的专制。其毒害的剧烈,比清廷的专制更厉害。老百姓因此更难活命了。

孙中山在大元帅辞职通电中说:

> 我们国家最大的祸患,莫过于武人的争雄,南方与北方的军阀都是一丘之貉。

孙中山苦心革命数年,结果"革命主义未行,革命目的未达,仅有民国之名,而无民国之实",他陷入了深沉的痛苦中!中国的命运的主宰者是谁? 拯救中国的道路在哪里? 他要继续找寻答案。

撰写《建国方略》

孙中山和宋庆龄从广州回到上海,住在环龙路63号。一天,四位旅美回国的华侨去拜访孙中山,临走时小声问卫士:"孙先生住的房子太不像样了,这是他自己的吗?"

卫士说:"他哪里有房子! 这房子是租的,每月要付六十五元租金。"

这四位华侨说:"一位做过惊天动地大事业的人,竟连住的房子也没有! 我们一定要替他想想办法。"

当时,他们正准备合资在上海开办一家化妆品工厂,他们决定拿出一笔钱来,购买一座住宅送给孙中山。

这几位同胞把住宅修整、布置好以后再去拜访孙中山,请他搬进新房去住。孙中山听后忙说:"送房子给我? 不可! 不可! 我怎能接受你们这样的重礼?"

侨胞再三解释,说这完全是帮助孙中山革命,他才同意和夫人搬进新居。从此,这个莫利哀路29号(今香山路7号)的建筑,就成了孙中山和夫人的住地。

1918—1919年,孙中山潜居在侨胞赠给他的住宅中,怀着"痛心疾首"的心情,从理论上总结自己"奔走国事三十余年的经验教训,认真探索下一步路该怎样走"。他发愤著述,写出了《孙文学说》(又名《知难行易的学说》,即《建国方略》之一的"心理建设"),《实业计划》(即《建国方略》之二的"物质建设")两本书;再加上他于1917年写的《民权初步》(即《建国方略》之三的"社会建设"),便构成了他的主要著作《建国方略》全书。此外,孙中山还写成了《八年今日》等重要文章。他希望在行动遇到阻难、无力挽回局面的情况下,自己的著作能"启发国民""唤醒社会"。

其中,《民权初步》的写作意图,孙中山说明是教给中国人行使民权的第一步的方法。他认为,中国人"一盘散沙"的状态并不是天生的,而是"集会有禁,文字成狱,偶语弃世"的专制制度造成的。孙中山分析道:

今后民国之安危如何,则全视民权之发达如何耳。

《孙文学说》是孙中山哲学的代表作。它打破"知易行难"的传统观念,提出了"行之非艰,知之维艰"的新见解,阐述了"能知必能行""不知亦能行"的道理。

《实业计划》是孙中山为了改变中国贫穷落后的经济状况,使中国富强起来而制订的经济建设大纲。他认为经济建设问题是"此后中国存亡之关键"。在吸收外资实现中国经济近代化的过程中,他特别强调不能影响国家主权。他说:

唯发展之权,操之在我则存,操之在人则亡。

此外,孙中山还主张"化兵为工",安排被裁减的军人去筑港修路、开发长城外沿地区。

在愁闷的重压下,孙中山呕心沥血撰写的这些著作,表明了他追求真理的精神,以及对中国民主化、工业化的强烈心愿。他纵观中国历史,指出中国人曾经称雄世界,今天要走上富强发达的路,并不困难。

亲历五四运动

自 1894 年 10 月宣传资产阶级革命以来,孙中山经过了二三十年的奋斗,所有他认为能用的办法都用过了,但是仍然陷于这样的境地。孙中山经过痛苦的求索,渐渐明白了一点:

在帝国主义时代,半封建半殖民地国家里的资产阶级和他们从西方学来的资产阶级民主革命的思想和方法,已经不可能引导革命取得真正的胜利。把这些国家从封建主义、帝国主义的压迫中拯救出来的历史任务,只能由同帝国主义、封建主义没有"血缘关系"的新力量来完成。

当中国资产阶级领导的民主革命失败,孙中山走投无路的时候,俄国的 1917 年十月革命成功,创立了世界上第一个劳动人民当家做主的国家。这个划时代的胜利,使孙中山异常兴奋。他真诚地欢迎、同情和向往这次革命,渴望从那里找到推进中国革命的办法。在十月革命爆发后的第三天,孙中山指导下的《民国日报》就用大字标题率先做了报道,还不断刊载赞扬和积极评价的文章。

1918 年夏季,世界上各种反动势力向年轻的苏维埃政权展开了诬蔑攻击。孙中山却亲自给列宁发去贺电,电文说:

中国革命党对贵国革命党所进行的艰苦斗争表示十分钦佩,并愿中俄两党团结共同斗争。

不久,列宁委托苏俄外交人民委员会委员齐契林复信给孙中山,感谢他的贺电,向这位"中国革命的领袖"致敬,信中希望"俄国劳动阶级"和"中国兄弟""共同进行斗争"。

1919 年 5 月 4 日,中国爆发五四运动,它是一场中国人民反帝反封建的爱国运动。

在第一次世界大战结束后,英、法、美、日等国家于 1919 年 1 月在巴黎召开"和平会议"。中国北洋政府在人民的压力下,向和会提出希望帝国主义放弃在华特权,要求取消"二十一条"和收回被日本夺去的原德国在山东的权利,遭到与会的帝国主义国家拒绝,北洋政府竟然准备在和约上签字。

消息传出，举国愤怒。5月4日，北京学生三千余人在天安门前集会，高呼"外争主权，内除国贼""废除二十一条""还我青岛"等口号，会后举行游行示威。学生们痛打章宗祥，火烧曹汝霖住宅，北洋政府派军警镇压，逮捕学生三十多人，北京学生即实行总罢课，并通电全国表示抗议。天津、上海、长沙、广州等地学生也纷纷游行示威，声援北京学生。6月3—4日，北洋政府又逮捕北京学生八百余人，激起全国人民的更大愤怒，上海、南京、天津、杭州、武汉、九江、济南、芜湖等地工人举行罢工或示威游行，上海和全国各重要城市的商人也先后举行罢市。至此，发展成为以工人阶级为主力军，包括城市小资产阶级、民族资产阶级参加的全国范围的革命运动——六三运动。运动的中心，也由北京移到上海。6月10日，北洋政府被迫释放被捕学生，撤去曹汝霖、陆宗舆、章宗祥的职务。28日，中国代表团拒绝在和约上签字。五四运动是中国由旧民主主义革命转变为新民主主义革命的转折点，促进了新文化运动的深入发展、马克思主义同中国工人运动的结合，为中国共产党的成立做了思想上、干部上的准备。

孙中山亲历了这次运动。他在上海接见全国学联代表，热烈支持和鼓励学生们的斗争，并参加了上海爱国学生的集会。他还积极营救因参加爱国活动而受迫害的学生，通电广东政府，要求立即释放被捕的工界、学界代表。

在一次群众集会上，一位北京大学的学生发言，指名批

评说：

> 孙中山先生的革命，算不上革命。他的革命仅仅是
> 把"大清门"的牌子换作"中华门"，这样的革命不算彻底。
> 我们这次要做彻底的革命。

与会的孙中山听了，不但没有生气，而且带头热烈鼓掌。会后，孙中山还对这位同学恳切地说："我所领导的革命，倘早有你们这样的同志参加，定已取得成功。"

孙中山看到了群众的力量，这正是他领导革命多年未能解决的问题。他在写给海外国民党人的信中说：

> 五四运动以来，社会便受到绝大影响，即使顽固卑劣
> 的伪政府，也不敢碰其锋芒。

革命斗争必定要到"政权归于平民而后已"。孙中山对五四运动这些新内容、新特点的认识和肯定，也正是他在反思、探索中对自己过去革命活动的缺陷的发现、抛弃。

孙中山得到的结论是，改造中国的第一步只有革命，在革命成功之前，要搞教育革命、实业革命都是行不通的。

孙中山就是这样自觉地接受实践的检验，从而改进和提高自己。

发起第二次护法运动

1920 年 7 月,北洋军阀内部争夺北京政府统治权,直系军阀曹锟、吴佩孚联合奉系军阀张作霖,对把持北京政府实权的皖系军阀段祺瑞发动了战争,是为"直皖战争"。结果皖系失败,段祺瑞下台,直、奉两系共同控制了北京政府。

当初,1918 年,孙中山在离开广州的时候,还留下了一支他觉得靠得住的军队,这就是陈炯明的援闽粤军。1920 年 12月,孙中山返回广州,重开政务会议,恢复军政府。1921 年 4月,国会非常会议议决取消军政府,成立大总统府。

中华民国政府组成以后,孙中山制定、颁布了一系列改革吏制和保障人民民主权利的法令和措施,废除了镇压人民的法令条例,颁布了工会法,承认劳动者的许多民主权利,主张减政裁员,规定官员要正直供职,不受贿赂,形成廉俭风气。

北洋军阀"总统"徐世昌,一看广东成立了护法正式政府,就让陆荣廷从广西出兵攻打广州。

孙中山成立政府的目的就是要进行北伐,统一全国,实现民主共和,于是就任命陈炯明为援桂总司令,出兵讨伐陆荣廷。在短短三个多月的时间内,平定广西。

1922 年 2 月,孙中山以大元帅的名义颁发动员令,命令各军出师北伐。可是,留守广东的陈炯明,对孙中山的北伐令阳奉阴违,而且同湖南督军赵恒惕结成了反对孙中山的联盟,不让北伐军按计划通过湖南北上。

5 月 6 日,孙中山亲自去韶关督军,已有三个月身孕的宋庆龄偕红十字会员多人从行。

5 月 8 日,孙中山发布总攻令,北伐军分三路直捣江西,一路节节胜利,整个江西指日可下。

就在这时,被孙中山誉为"真正爱国陆军"的陈炯明加紧进行背叛活动,他勾结北方军阀吴佩孚和英帝国主义,阴谋对北伐军形成南北夹击之势。

6 月初,有人报告孙中山,说陈炯明有背叛的意思,要孙中山加以提防。孙中山却坦然地说,他以至诚对人,陈炯明虽坏,但不会加害于他。

6 月中,一些将领电话告诉孙中山,陈炯明的反意已明,劝孙中山赶快离开广州。孙中山仍不离开,众人一再催促,他却说:"万一他们果真作乱,我身为大总统,肩负全体国民之托,有平叛责任。如果力量不足,被叛逆所害,也是我为国牺牲的机会,岂能临难苟安,贻笑中外,玷辱国家?"

16 日清晨 2 时,陈炯明公然发动了武装叛乱。他先在广州全城采取了密布岗哨、断绝交通等行动,又占领了各要害部门,掐断了总统府电话,然后以四千人围攻总统府,用大炮轰击孙中山在观音山的住所越秀楼。情况非常危急。

孙中山见此情景,要宋庆龄同他一起离开,宋庆龄坚决不肯,说那样目标太大。她劝孙中山快走,说:"中国可以没有我,但不能没有你。"她鼓励孙中山下定平叛的决心,说她留下迷惑叛军,争取孙中山脱险。

参军林直勉见事已急,不由分说,给孙中山换了一件旧夏布长衫,挽着他从炮火硝烟中撤出越秀楼。

当他们走到惠爱路(今中山路),正要穿过马路去桂香街时,忽被叛军哨兵拦住去路,林直勉指着神色自若的孙中山说:"我母亲病危,不得不深夜请这位医生去家里急救。"

哨兵不相信,林直勉给了一些钱,又认真地说:"我家就在高第街,你们不信,就请一齐到我家里看看!"

哨兵看看孙中山,觉得的确像是医生,就放过了他们。快要到江防长堤时,一队哨兵又拦住他们。孙中山估计瞒不过,便主动说:"我是孙中山。"

哨兵头头十分佩服孙中山的大胆和勇气,就放过了他。孙中山又一次从魔掌中成功脱险。

宋庆龄无畏地完成了掩护孙中山的任务,也冲出了魔掌。但是,他们唯一的孩子小产了。他们共同给孩子取的名字叫北伐,可是,是男是女他们都不知道,便将其奉献给了革命!可见他们夫妇对革命做出了多么巨大的贡献。

孙中山转到永丰舰上,对叛军施行炮击。眼看叛军将被击溃,孙中山发现民房起火,下令停止炮击,使叛军没有被打垮。叛军一些将领觉得莫名其妙;了解孙中山的陈炯明也不得不承认,这就是孙中山,任何人在他面前都显得渺小。

在舰上,孙中山完全跟普通士兵一样生活。一次,英国《字林西报》的一名西方记者去采访,他根本不相信那位穿着旧夏布长衫的人就是一个国家的大总统。他不解地问孙中山:"尊敬的博士,舰上这种生活能过得惯吗?"

孙中山环视了一下四周,微笑着回答:"这不是很好吗?"

"博士先生,我觉得要是你转到香港去,会更好,更安全。"

"不!"孙中山严肃地说,"我是国会议员选出的总统,对全体议员和全国人民负有重大责任,现在我更应当同舰上官兵同甘共苦,行使议员和全国人民交给我的职责。如果我放弃职责,就是对国会违法,对人民失责,对国家叛变。我只有誓死平乱到底,以谢国人。违法的事,不是我孙某所能做得出来的。"

由于部分舰只被叛军收买,长洲要塞失守,叛军反扑过来,孙中山指挥永丰舰等舰冲破了叛军封锁,退抵白鹅潭。

各舰刚刚下锚,广东海关的英国税务司夏理士便来到舰上,他骗孙中山说,叛军已准备炮击白鹅潭的舰只。其实,夏理士是怕讨伐叛军的战斗会危及他们的租借地——沙面——的安全,因为沙面就在白鹅潭旁边。

孙中山心知夏理士的鬼胎,便说:"好哇!我正等着他们呢!舰队的炮手都在摩拳擦掌,要用大炮教训他们!"

夏理士忙说:"不,这使不得。阁下,炮火这东西是无情的,我为阁下的安全着想,你还是命令舰队驶离白鹅潭为好!"

"这万万不能!万万不能!"孙中山坚决回答说。

劝说不成,夏理士便露出真面目说:"请允许我奉劝阁下,不要用沙面作掩护,导致危及沙面的安全!"

孙中山神色威严,不理睬夏理士的威胁。

夏理士又说:"白鹅潭是中立地带,按国际法,交战团体不能在中立地驻泊兵舰。"

孙中山听后勃然大怒,驳斥道:"你是何人,敢如此无理!我是中华民国大总统,是中国主人,凡属中国领土,中国船只便可任凭驻泊,何得荒谬干预!"

接着他又用英语说道:"沙面不过是中国政府暂时租给英国使用,并非英国的属地,主权仍属中国,白鹅潭更不是中立地带,中华民国的舰队为何不可以驻泊?我生平注重公理,不畏强权,决不允许无理的干涉!"

夏理士理屈词穷,只得灰溜溜地走了。

在场的一名西方人事后对他的友人说:"我今天才看到孙中山总统的真面目,他的确是中国真正的爱国者,谁说中国没有人才?"

　　据说,夏理士回去后电告香港总督:"孙中山是硬汉,难以劝说。"

　　回师的北伐军由于遭到陈炯明和北方军阀的夹击,受到重创。孙中山反击叛军将近两个月,收效不大。他自知成功希望渺茫,便乘坐英舰"摩轩号"离开广州,经香港回到上海。第二次护法运动,又断送在新老军阀手中。

　　9月18日,孙中山在上海发表《告国民党同志书》,以异常沉痛的心情评述了这次惨败。其中写道:

　　　　文率同志为民国而奋斗,垂三十年。中间出生入死,
　　失败之数,不可偻指;顾失败之惨酷,未有甚于此役者。

他还检讨自己缺乏知人之明,将叛逆误为忠良,致使"祸患生于肘腋"。

联俄联共

两次护法斗争的失败,特别是陈炯明的叛变,使孙中山陷于苦闷彷徨之中,他开始觉察到,依靠一个军阀去打另一个军阀是不行的,今后必须依靠新的力量,探索新的道路,才能实现自己改造中国的理想。

正是在这时候,共产国际、中国共产党向孙中山伸出了友谊之手。

1920 年,苏维埃政府发布宣言,声明:沙俄历届政府和中国签订的一切不平等条约,全部无效;放弃以前沙俄所夺取的中国领土,以及在中国的租界;此前的沙皇政府、俄国资产阶级从中国夺取的一切,全部无偿归还给中国。

这对于一直争取民族独立的孙中山来说,自然有巨大的吸引力。

1920 年,共产国际的代表维经斯基到上海时,曾经与孙中山有过接触。1921 年,共产国际代表马林到中国参加中国共产党成立大会时,又在共产党人张太雷的陪同下专程到桂林拜访孙中山。马林与孙中山进行了三次长谈,向他介绍了苏俄的新经济政策。孙中山觉得新经济政策和他的民生主义

很相近。

在和马林会谈之后不久,孙中山在一次演讲中说:

> 法、美共和国皆旧式的,今唯俄国为新式的。吾人今日当造成一最新式的共和国。

这表明孙中山的思想正发生着重大的变化。

虽然在孙中山以前的革命生涯中有不少工人追随者,但他对于工人运动并没有注意,这当然主要是因为那时还不具备条件。

第二次护法运动期间,发生了1921年1—3月的香港海员大罢工。大罢工起初是要求增加工资,后来很快把矛头指向了英帝国主义,带有浓厚的民族主义色彩。这次罢工引起了孙中山的注意。

1922年4月,瞿秋白、张太雷又陪同马林作为苏俄政府全权代表到广州和孙中山会谈。孙中山在听取了马林对于苏俄各方面情况的介绍之后,表示要与苏俄合作。

6月15日,就是陈炯明发动叛乱的前一天,中共中央发表了对于时局的主张,称"中国现存的政党,只有国民党是比较革命的民主派;比较真的民主派",并提出要和国民党建立联合战线,进行反对军阀的斗争。

8月25日,也就是孙中山第二次护法运动失败之后回到上海的第十天,李大钊陪同马林去拜访孙中山。马林劝孙中山不要搞纯粹的军事斗争,要注意开展宣传工作。

8月28—30日,中共中央在杭州召开特别会议,正式确立了国共合作的方针。

此后,李大钊又多次拜访孙中山,和他商讨振兴国民党以便振兴中国的一系列重大问题。

李大钊知识渊博,分析问题鞭辟入里,尤其是他真诚的态度,深得孙中山的好感。他们往往一谈就是好几个小时,几乎到了废寝忘食的地步。

孙中山对李大钊十分钦佩和尊敬,认为这样的人才是真正的革命同志,在斗争中能够依靠他们明确的思想和无畏的勇气。因此,他当即邀请李大钊加入国民党。

李大钊提醒说:"我可是第三国际中国支部的成员,你不怕有什么麻烦吗?"

孙中山回答说:"这不打紧,你尽管一面做第三国际的党员,一面加入本党帮助我。"

由于当时中共中央已经做出了国共合作的决议,所以李大钊同意了孙中山的建议。随即由张继介绍,孙中山主盟,李大钊加入了国民党。

此后,一批著名的共产党人如陈独秀、蔡和森、张太雷等先后以个人身份加入了中国国民党。

几乎在李大钊与孙中山会谈的同时,来华与北京政府商谈外交、商务的苏俄政府副外长越飞,也秘密派代表到上海会见孙中山。

此后,孙中山又与苏俄代表越飞进行了多次会谈,签署了"联合宣言",确定了双方密切合作,推动中国反帝反封建事业的方针。

孙中山在十分困难的时候,得到了中国共产党和苏俄的真诚帮助,非常感激,他决定接受中国共产党和苏俄代表的建议,联俄联共,改组国民党,使之成为国共合作的统一战线组织。

9月,孙中山开始进行改组国民党的准备工作,为实现国共合作创造条件。

9月4日,孙中山在上海召开了研究改组国民党计划的首次会议,与会者五十三人。他在会上解释了联俄联共政策,会议一致赞同孙中山改组国民党的主张。

11月15日,孙中山又召集国民党代表五十九人开会,他审议经过修订的中国国民党改组案。

12月16日,他再次召集各省代表六十五人开会,讨论修改中国国民党改组案宣言和党纲党章。

在三次会议的基础上,1923年1月1日,孙中山发表了《中国国民党宣言》。1月下旬,孙中山以总理名义任命了国民党本部各部部长、参议和军事委员等其他职务人选。

1924年1月,在经过了充分的准备之后,中国国民党第一次全国代表大会,在广州高师礼堂正式开幕。参加这次大会的代表共有一百六十五人,孙中山亲自主持了这次大会。

大会通过了《中国国民党第一次全国代表大会宣言》,确定了国民党的联俄、联共、扶助农工的三大政策,实现了国共第一次合作。

这份宣言是一份重要的历史文献,其中详细阐述了孙中山的新三民主义,提出了反帝反封建的革命纲领。

这次大会选举产生了改组后的国民党第一届中央领导机构。在选举出的二十四名中央执行委员中,有三名中国共产党党员;在十七名候补执行委员中,有七人是中国共产党党员。

大会闭幕第二天,孙中山主持召开了国民党一届一中全会,中国共产党党员谭平山被选为中央执行委员会常务委员兼中央党部组织部长,林祖涵担任农民部长,另外还有一些中国共产党党员进入国民党中央党部工作。

中国国民党第一次全国代表大会的召开和胜利闭幕,标志着孙中山改组国民党工作的完成和第一次国共合作统一战线的正式建立。

建立黄埔军校

建立一支能够为主义而奋斗的部队,一直是孙中山的梦想。他深切地感到,以前的革命,只有革命党的奋斗,没有革命军的奋斗,所以才屡遭失败。

在 1924 年 1 月中国国民党第一次全国代表大会开会期间,孙中山就下令筹办"中国国民党陆军军官学校",并指定黄埔为学校校址(故简称"黄埔军校")。黄埔是一个小岛的名称,本来是原广州陆军学校、广东海军学校的旧址。大会一结束,就在广州南堤设立了学校筹备处。孙中山原本打算亲自担任校长,后来改派蒋介石为军校校长,自兼军校总理。

黄埔军校学习苏联红军的建军原则,设立了党代表和政治工作制度,委派廖仲恺为驻黄埔学校的国民党代表。

中国共产党也从各地选派了许多共产党员、社会主义青年团员进校学习,并先后有周恩来、叶剑英、恽代英、聂荣臻等到学校负责政治工作和担任其他重要职务。

1924 年 6 月,黄埔军校举行了开学典礼。

之后,黄埔军校成立了两个教导团,由毕业的学生当下级军官,士兵也都经过严格的选拔和训练,成了一支很有战斗力的队伍。

国民党的革命化改组，推动了全国革命群众运动的高潮。孙中山深信，革命事业必须由人民大众发动，也要由人民大众来完成。

7月，广东全省农民大会在广州召开，孙中山看见衣衫破烂的、带着箩筐扁担的农民前来参加大会，他高兴地对宋庆龄说："这是革命成功的起点。"

8月，孙中山对广州农民讲习所的学员说："农民是我们中国人民之中的最大多数，如果农民不来参加革命，就是我们革命没有基础。"

由于对革命群众运动巨大力量的认识，孙中山彻底打倒北洋军阀的心愿受到了很大的鼓舞。这一时期，北洋军阀不断混战，互相火并，孙中山认为应该乘这个时机再次举行北伐，打出广东去。

9月12日，孙中山亲自率领北伐军，讨伐盘踞北京的直系军阀曹锟、吴佩孚。他说：

> 此战之目的，不仅在推翻军阀，尤在推倒军阀所赖以生存之帝国主义。然后反革命之根株乃得永绝，中国乃能脱离次殖民地之地位，以造成自由独立之国家。

扶病北上

1924年10月,北京政局发生了变化。直系军阀将领冯玉祥,在第二次直奉战争战事正酣之际,突然从前线回师北京,发动政变,推翻了直系军阀控制的中央政府,囚禁了通过贿选当上总统的曹锟。于是,北方出现了段祺瑞、冯玉祥、张作霖三派力量既联合又相互争夺的局面。

冯玉祥受时代思潮的影响,致电孙中山邀请他北上,商讨解决时局的办法。对此,段祺瑞、张作霖也表示欢迎。

这时孙中山已经得了肝病,健康状况一日不如一日。有些同志认为,北方军阀靠不住,段祺瑞、张作霖都是反复无常的人,去了恐怕有危险。何况孙中山又有病,长途跋涉会使他的病势加重。

尽管北上充满了危险与艰辛,孙中山当时的身体也不好,但是为了争取和平解决时局的可能性,他还是毅然接受了冯玉祥等人的邀请,抱病北上。

11月10日,孙中山先生发表了《北上宣言》,提出对外反对帝国主义,对内反对军阀制度,要求召开国民会议,实现中国的统一。

11月13日,孙中山偕夫人宋庆龄,以及汪精卫、李烈钧、戴季陶等人乘永丰舰离粤北上。

离开黄埔以后,孙中山乘永丰舰到达香港,又从香港乘船于17日到达上海。在上海码头,欢迎他的人有数万,"打倒帝国主义""打倒军阀""欢迎孙中山先生"的口号震耳欲聋,此起彼伏。

在离开广州前,孙中山对外国记者谈话说:"帝国主义不仅是我们走向独立自由道路上的主要障碍,而且是中国反革命当中最强有力的因素。"在孙中山途中抵达上海的时候,英国《字林西报》竟然发表短论说:"上海不需要孙中山,应阻止他登岸。"

对帝国主义的野蛮行径,孙中山立即做了坚决反击:

> 上海是中国的领土,中国人是这里的主人,住在上海的外国人都是客人。主人在自己的领土上无论干什么,客人完全不能干涉。

北京、上海之间的交通断绝,孙中山决定经日本去天津。11月23日,抵达日本长崎,他接见了新闻记者。28日,出席了神户各商业团体、旅日华侨为他举行的欢迎宴会,并发表了

演说。

12 月 4 日,孙中山乘坐"北岭九号"轮船由日本渡过黄海抵达天津,码头上迎接他的人有两万多,不少市民自动地为他张灯结彩,燃放鞭炮。由于一路颠簸,又受了风寒,肝病发作,到达天津之后,孙中山就已经一病不起了。

就在孙中山北上的途中,北京政局发生了变化。段祺瑞将冯玉祥排挤出京,以中华民国临时执政的身份控制了北京政权。段祺瑞上台后,为了与孙中山的国民会议主张相对抗,为了取得外国政府的承认,于 12 月 6 日发表了致外国使团书,公然宣布承认历年来和各个帝国主义签订的一切不平等条约。

12 月 24 日,段祺瑞正式公布,要召开善后会议,来解决国家大事,将广大工农群众、人民团体排除在会议之外,参加会议的绝大多数是封建官僚、军阀和投机政客。他想利用善后会议来取代国民会议,和孙中山对抗。

对于段祺瑞的倒行逆施,孙中山坚决抵制,他多次发表谈话批驳段祺瑞善后会议的主张,并决定国民党坚决不参加善后会议。

12 月 30 日,孙中山抱病乘车到达北京,段祺瑞派出代表叶恭绰、许世英去迎接。孙中山质问这两个代表:"听说段祺瑞要承认不平等条约,可有此事?"

两个代表证实了这个传说。孙中山勃然大怒,厉声说道:
"我在外面要废除那些不平等条约,你们在北京,偏偏要尊重
那些不平等条约,这是什么道理呢? 你们要升官发财,怕那些
外国人,要尊重他们。既然如此,为什么还来欢迎我呢?"

问得两个代表无言以答。过了一阵,他们胆怯地劝孙中
山不要过分"激烈",免得惹怒洋人。

孙中山不屑地回答说:"假如不打倒帝国主义,我就不革
命了!"

当日,在住进北京饭店之后,孙中山发表了一个书面谈
话,接着又发表了《进京宣言》,重申他入京的目的"非争地位
权势,乃为救国"。

革命尚未成功,同志仍须努力

孙中山到北京后,病情迅速恶化,尽管医生一再叮嘱他不
要会客,应静心休养,但是,为了中国人民的解放事业,他在病
榻上仍然坚持工作,真正做到了鞠躬尽瘁。

1925年1月26日,孙中山住进了协和医院,接受外科手
术。手术后发现,孙中山得了肝癌。

2月18日,孙中山离开协和医院,住进铁狮子胡同5号。他接受宋庆龄、孙科和同志们的建议,改用中医治疗,也不见有什么起色。人们轮着班看护他,宋庆龄更是不分昼夜地守在他床边。

当时,很多同志都来看望他,来的人越多,孙中山心里越不安。他总是说:"你们都到北京来干什么?太兴师动众了。"

自孙中山病情转剧后,冯玉祥更加惦念,曾于2月27日派其夫人李德全持他的亲笔函来京问候孙中山。

3月11日上午,大家感觉孙先生的病势逐渐危殆,就把事先由汪精卫写好的遗嘱拿到孙先生面前。当时宋庆龄、何香凝、孙科、汪精卫等全环绕在病榻周围,请孙先生签字。

汪精卫从怀中拿出遗嘱草稿,孙中山女婿戴恩赛摘下自来水笔递给宋子文,宋子文传给宋庆龄,宋庆龄送到孙中山右手上。孙中山的右手抖动得很厉害,宋庆龄就托着他的右手腕,逐一签了字。留给国民党同志的遗嘱是这样的:

　　　　余致力于国民革命凡四十年,其目的在求中国之自由平等。积四十年之经验,深知欲达此目的,必须唤起民众及联合世界上平等待我之民族共同奋斗。

　　　　现在革命尚未成功。凡我同志,务须依照余所著《建国方略》《建国大纲》《三民主义》《第一次全国代表大会宣言》,继续努力,以求贯彻。最近主张召开国民会议及废除不平等条约,尤须于最短期间,促其实现。是所至嘱!

还有一封《致苏联遗书》,其中写道:

> 亲爱的同志! 当此与你们诀别之际,我愿表示我热烈的希望,希望不久即将破晓,此时苏联以良友及盟国欢迎强盛独立之中国,两国在争取世界被压迫民族自由之大战中,携手并进以取得胜利。

留给他家人的遗嘱是这样的:

> 余因尽瘁国事,不治家产。其所遗之书籍、衣物、住宅,一切均付吾妻宋庆龄,以为纪念。余之儿女,已长成,能自立,望各自爱,以继余志。此嘱!

签署完这三份文件之后,孙中山已经不能连续说出四五个字了,侍奉在旁的人员听到的是他反复用微弱的声音呼出的"和平""奋斗""救中国"几句话。

直到生命的最后一刻,孙中山想到的仍然是毕生为之奋斗的事业：建设一个和平、民主、富强、统一的新中国。

1925年3月12日，这位伟大革命家，这位为民族独立、国家富强、人民幸福而奋斗了一生的伟人，在北京病逝，享年五十九岁。

这样一位伟人，在这样的年纪，在他革命事业还未取得成功的时候，就告别了人世，对于苦难深重的中国来说，损失是无法弥补的。

在孙中山逝世后，段祺瑞曾经以执政府名义派代表到铁狮子胡同5号去吊唁，并由内务部议决用国葬。全国各机关下半旗志哀三天。国民党中央执行委员会在北京的委员们拒绝了临时执政府的国葬，决定采用普通国民的葬仪以示平等。

在广州，也成立了大元帅哀典筹备委员会，由胡汉民、谭延闿等九人为筹备委员。3月15日，在广州第一公园举行了追悼会，参加追悼会的有好几万人。

在北京，3月19日上午，孙中山的灵柩开始移往中央公园（现在的中山公园）。起灵时不用杠夫，而由孙中山的亲属和国民党军政要员轮班抬送。

宋庆龄身穿黑衣，面罩黑纱，走在队伍的最前面。一路上，有工人、学生、士兵十多万人护灵致哀，"打倒军阀""打倒帝国主义""中山主义万岁""国民革命万岁"的口号声震天动地。

正午的时候，送殡的队伍到达中央公园，孙中山的灵柩安放在社稷坛大殿正中,上面挂着孙中山的遗像和"有志竟成"的横匾,两旁挂着"革命尚未成功""同志仍须努力"的对联,棺上覆盖着青天白日旗。

中国共产党中央发来唁电并发表《告中国民众》书。斯大林以俄国共产党中央委员会名义也来电悼念。